汉字有秘密

吴京鸣 编著

化学工业出版社

·北京·

内容简介

本书为《汉字有秘密》分册之一，涉及49个汉字，并将所选汉字分为9组，通过对这些汉字的字形演变以及字义解释进行说明，展示同组汉字之间的联系与区别，使孩子了解汉字的起源和演变，以达到认识汉字、理解汉字含义的目的。每个汉字后面分别设"汉字小秘密""汉字故事馆""汉字知识馆"等板块，加深孩子对汉字的认识，让孩子轻轻松松学汉字。本书适合5～8岁孩子及家长阅读。

图书在版编目（CIP）数据

汉字有秘密. 贰/吴京鸣编著. —北京：化学工业出版社，2022.2
　ISBN 978-7-122-40514-2

Ⅰ.①汉… Ⅱ.①吴… Ⅲ.①汉字－儿童读物 Ⅳ.①H12-49

中国版本图书馆CIP数据核字（2021）第273022号

责任编辑：曾照华　　　　　　　文字编辑：李　曦
责任校对：王　静　　　　　　　装帧设计：梧桐影

出版发行：化学工业出版社
　　　　　（北京市东城区青年湖南街13号　邮政编码100011）
印　　装：北京宝隆世纪印刷有限公司
889mm×1194mm　1/20　印张8　字数109千字
2024年4月北京第1版第1次印刷

购书咨询：010-64518888　　　　　售后服务：010-64518899
网　　址：http://www.cip.com.cn
凡购买本书，如有缺损质量问题，本社销售中心负责调换。

定　　价：69.00元　　　　　　　版权所有　违者必究

前言

　　汉字，是古老而优美的文字，它的表意性使其成为世界上唯一能跨越时空的文字。《汉字有秘密》将带领孩子在识字之初，去探寻这些古老汉字的秘密。

　　本套书共四册，每册都以分组的形式，展现相关联汉字的字音、字形、字义，同时辅以相关传统文化故事、知识，帮助孩子巩固记忆。

　　具体特点如下。

一　追寻字源，解读汉字的秘密。

　　从最早能够识别的甲骨文，到后来的金文、篆文、隶书，再到如今我们人人熟知的楷书，汉字几经变化，字体万千，于是本套书严格参考《甲骨文字典》《汉字字源》等专业书籍，整理出更准确字源，以图文的形式生动解读"汉字的秘密"。

二 "字源＋故事＋知识"，多角度加深记忆。

每个汉字后面分别设"汉字小秘密""汉字故事馆""汉字知识馆"等板块，以"字源＋故事＋知识"的形式，在趣味中巩固对所选汉字的认识，因为所选的故事与知识都与传统文化相关，所以还能起到一定的知识拓展作用。

三 同类分组，对比学习。

本套书将所选汉字进行分组，充分展示同组汉字之间的联系与区别，辅助孩子加深对所选汉字的认识，对比着进行学习。另外，本书涉及的多音字的注音原则如下：字头只标出本书重点讲解的字义对应的读音。

在这本书中，孩子可以探寻汉字的秘密，可以欣赏精美的手绘图画，可以了解不同朝代的文化知识……希望这套书可以让每一个孩子在认识汉字、了解汉字的路上有所收获。

最后，要感谢为这套书的面世而付出辛劳的编写老师，正是因为他们共同的付出和努力，才让这套书更完善。由于能力有限，书中难免存在不足之处，还望广大读者提出宝贵意见。

编者

2023年8月

目录

花 芽 草

落 荷

草

cǎo

小篆　　　隶书　　　楷书

　　"草"是一个形声字，下边的"早"字表示发音。上边是偏旁
"艹"，你看篆文中它的样子，就像是两棵正在努力生长的小草。

汉字故事馆

| 结草报恩 |

春秋时期，晋国大夫魏武子有一位爱妾，因为爱妾没有孩子，所以魏武子生病时，嘱咐他的儿子魏颗："我如果死了，你一定要为她找一个好的归宿。"后来魏武子病重，他又告诉魏颗："我死之后，一定要让她为我陪葬。"

魏武子死后，魏颗没有让父亲的爱妾陪葬，而是把她嫁了出去。别人问他为什么不遵从父亲的临终遗言，魏颗说："人在病重的时候，神志是混乱的，那些话可能是父亲神志不清时的胡言乱语，我把她嫁出去，是听从父亲神志清醒时的吩咐。"

后来，魏颗领兵和秦国打仗，双方正打得难解难分之际，魏颗突然看见战场上一个老人用草编的绳子绊倒了秦国将领杜回，于是这位秦国大将当场被魏颗所俘。

晋军获胜收兵当天的夜里，魏颗做了一个梦，梦见在战场上结草的老人自称是那位出嫁的妾的父亲，是来报答魏颗没有让自己女儿陪葬之恩的。

汉字知识馆

竹子与梅、兰、菊并称为"花中四君子"，与梅、松并称为"岁寒三友"，从古至今一直都受到文人的推崇和喜爱。而竹子因为长得比较高大，常常被人们认为是一种树，但事实上，竹子是草本植物。

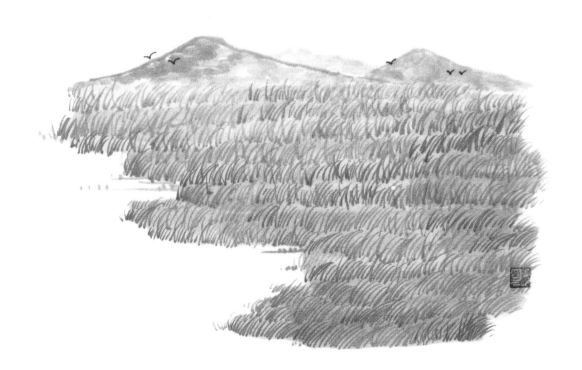

芽

yá

篆书　　　隶书　　　楷书

　　"芽"的发音来自它的声旁"牙"。植物刚长出来的可以发育成茎、叶或花的部分，我们就把它叫作"芽"。植物的芽需要小心呵护才能够长大，形成美丽的风景，我们可不要随意地采摘它们哟！

汉字故事馆

| 不发芽的种子 |

很久以前，石林村有一个非常懒惰的人，别人耕地播种，他在家里睡到日上三竿；别人施肥拔草，他在树荫下躲着太阳。等到别人都丰收了，他又埋怨耕种不容易，自己的收获太少。

一天，这个人正坐在村头唉声叹气，一个挑着货担的货郎走到他身边，神神秘秘地问："这位兄弟，我有一包神奇的种子，只要随意地把它撒到田里，不分节气、不必浇水、不用施肥，三天发芽、三天抽穗、三天结实，九天就能让你吃到新鲜的大米。要不要来一包试试？"这个人听了货郎的话，想到自己再也不用"辛辛苦苦"耕种，立马来了精神，就算货郎说这包种子需要用他家里一半的存粮来换，他也毫不犹豫，因为他觉得这买卖实在是太划算了。

妻子知道这件事后，急得直上火，因为家里的存粮本来就不多了，现在又少了一半，根本撑不到秋收。他却不慌不忙地劝妻子："别着急，别着急！九天之后，我不仅能把这一半粮食补上，还能多出很多来呢。"他拿出买来的种子，慢悠悠地走到自己的地里，把种子撒了下去，撒完了也不回家，就坐在那里等种子发芽。三天过去了，地里一点儿动静也没有。六天过去了，土里一个芽芽也没长出来。九天过去了，这个人终于意识到自己被骗了。他生气地打开装着种子的布包，拿出一颗种子放进嘴里。

"呸呸呸，熟的！"原来这些种子根本就不能发芽。

慢慢地，家里的存粮越来越少，他只好离开家到处去乞讨了……

汉字知识馆

芽茶和叶茶是常见的茶叶品类。芽茶主要是以茶树的嫩芽为原料制作而成的茶叶，其中最嫩的芽心部分被用来制作高级的芽茶。叶茶则是以茶树的嫩叶为原料制作而成的茶叶，相对于芽茶来说，叶茶的采摘嫩度较低，通常是在新梢展开后的一个多月后进行采摘。

花

huā

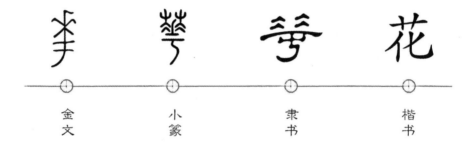

| 金文 | 小篆 | 隶书 | 楷书 |

"花"的本字是"华",所以金文、篆文和隶书中的"花"都是"华"的字形。"华"就像一棵开满了花的树,它的本义就是开花。

汉字故事馆

| 祖山名花——天女木兰 |

传说王母娘娘身边有一个吹笙的仙女，这个仙女厌倦了天庭生活，常常找机会到凡间游山玩水。

一天，笙女再次偷偷下凡，正好走到祖山，便在这里欣赏起祖山的秀丽风景。笙女发现祖山山好水好，唯独缺少一些奇花异草，就想把天庭瑶池的木兰花挖出来，移植到祖山。笙女匆匆返回瑶池，开心地将木兰花捧回祖山，竟忘了那天是王母娘娘开蟠桃盛会的日子。

蟠桃盛会开到热闹时，王母娘娘下令召笙女吹笙助兴，这时大家才发现笙女不见了。仙女们到处寻找笙女，却怎么也找不到，王母娘娘只好派巨灵神下凡寻找。巨灵神找遍三山五岳，最后发现祖山上云雾缭绕，就拨开云雾，飞入祖山，正好看见笙女在移种木兰花，于是便押笙女回去复命。

王母娘娘得知笙女擅自下凡、偷盗瑶池仙草，非常生气，罚笙女去银河浣纱，纱不尽，水不平，不得返回瑶池。笙女不甘心永远被困在银河，就化成祖山的一块巨石，与自己喜爱的山水花草相伴。由笙女移植而来的木兰花由此得名——天女木兰。

如今秦皇岛市青龙满族自治县境内的祖山上就生长着这种美丽而神秘的花朵——天女木兰。它们以乱石为伴，6月中旬吐蕊，香气清淡，高洁素雅。

汉字知识馆

中国十大名花分别是：花中之魁——梅花，花中之王——牡丹花，凌霜绽妍——菊花，君子之花——兰花，花中皇后——月季花，花中西施——杜鹃花，花中娇客——茶花，水中芙蓉——荷花，十里飘香——桂花，凌波仙子——水仙花。这十种花有着深厚的历史内涵，在花卉界具有非凡意义。

花字

荷

hé

小篆　　　隶书　　　楷书

从偏旁就可以看出，"荷"是一种植物。"何"是它的声旁，表示发音。荷虽然生长在淤泥之中，但是它的花和叶却丝毫没有受到淤泥的影响，反而十分洁净、好看。正是这种品格，让荷花成为很多人心目中的"偶像"。

汉字故事馆

| 玉姬的化身——荷花 |

荷花是我国十大名花之一，有着出淤泥而不染的气质。有关荷花的传说，从古代就开始流传。

相传，荷花是王母娘娘身边的侍女玉姬的化身。玉姬看见人间男耕女织的生活，十分羡慕，因此动了凡心，在河神女儿的陪伴下偷偷离开天宫，来到了杭州的西子湖畔。西湖秀丽的风光深深吸引了玉姬，她忘情地在湖中嬉戏，到天亮也没有离开。王母娘娘知道了这件事，就用莲花宝座把玉姬打入湖中，让她与淤泥为伴，永世不得再登南天。于是，天宫中少了一位美貌的侍女，而人间则多了一种洁净高雅的鲜花。

另一个传说是，一次蟠桃盛宴举行时，王母娘娘突然发现荷花仙子的珍珠项链不见了，问她原因，原来是荷花仙子在赴宴路上，发现一地洪水泛滥，百姓的生活非常艰难，她就把珍珠项链撒了下去，希望能帮助百姓渡过难关。王母娘娘听了非常感动，派荷花仙子下凡解救百姓。荷花仙子下凡后，将泛滥的洪水化作荷塘。从那以后，荷塘间鱼儿摆尾，荷花争艳，百姓们都过上了好日子。

汉字知识馆

　　杨万里的《小池》诗中，"小荷才露尖尖角，早有蜻蜓立上头"的意思你肯定理解，但是你知道让蜻蜓"立上头"的这"荷"指的是荷叶还是荷花吗？事实上，荷花的不同部位在古代是有着不同的称谓的，"荷"专指荷叶，而"菡萏"才指荷花呢！所以，这首诗中的"荷"指的是荷叶。

落
luò

小篆　　　隶书　　　楷书

　　秋天到了，一片片叶子经受不住风、霜、雨、雪的打击，从树上飘了下来，这就叫"落"。它是一个形声字，"洛"是它的声旁。"落"除了表示掉下来的意思之外，也表示停留等意思。

汉字故事馆

｜落井下石｜

韩愈和柳宗元是非常好的朋友。柳宗元比韩愈小约五岁，却死在韩愈之前。韩愈亲眼见证了柳宗元遭小人陷害，被贬官到偏远之地，怀才不遇，最终郁郁而终的悲惨过往，心中既难过，又愤慨，便为他写了一篇墓志铭，来抒发心中的悲伤与愤怒。

在这篇墓志铭中，韩愈先写了柳家列祖列宗的事迹，然后又说了柳宗元仕途的不幸和在文学方面的成就。接着，韩愈笔锋一转，开始痛批那些对柳宗元落井下石的小人的行径。他写道：读书人要到穷困的时候，才能看出他的气节。现在，有些人平日居住在陋巷里，大家互相仰慕，好像知己一般，还会立下誓言，说些生死与共的话，装出真挚的样子。但是，如果有一天，双方在一点小小的利益上有了冲突，即便是毛发一般的小事，也会翻脸不认人，闹得势如水火。这时，你若不幸掉入别人的陷阱里，对方不但不会援救你，反而会扔下石头砸你。连禽兽都不忍做的事情，他们不但不以为耻，还自以为做得很对呢！

后来，人们就根据这段墓志铭，引申出"落井下石"这个成语，用来比喻在人有危难时加以陷害。

汉字知识馆

　　"落"是一个常用汉字，也是一个多音字，但你知道"落"到底有几个读音吗？四个！除了我们经常使用的"落后"的"luò"，它还可以读作"là""lào"和"luō"，读作"là"时，表示"遗漏，忘了"等意思，可以组词"丢三落四"；读作"lào"时，可以组词"落汗"；读作"luō"时，可以组词"大大落落"。

木　林　森
树　杏　果

木
mù

汉字小秘密

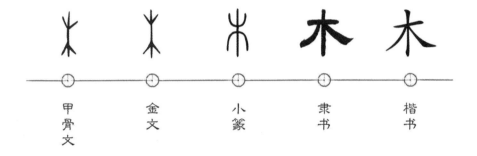

| 甲骨文 | 金文 | 小篆 | 隶书 | 楷书 |

　　"木"的甲骨文字形就像一棵上面有枝干、下面有根系的树。树木被伐木工人运到工厂以后会被加工成木材，我们生活中的很多家具都是由木材做成的。

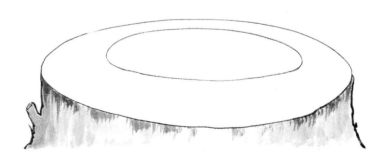

汉字故事馆

｜入木三分｜

东晋有一位大书法家，姓王，名羲之，字逸少，是东晋书法家王旷的儿子，被后人称为"书圣"。

王羲之七岁时就已经很擅长书法了。他十二岁的一天，看见父亲枕下有一本《笔说》，十分欣喜，就偷偷拿回房间读。这件事被父亲得知后，父亲问："你为什么要偷我藏的这本书？"王羲之笑了笑，没有回答。于是母亲说："你是在看用笔的诀窍吧。"

父亲听了母亲的话，觉得王羲之年纪还小，担心他不能守住秘密，就对他说："你不要心急，等你长大成人，我再教你书法。"这时，王羲之跪了下来，说："父亲，您就让我看这书吧，长大再看就耽误我的才华和这几年的发展了。"父亲看王羲之如此上进，很高兴，思考一会儿就把书给了他。不到一个月的时间，王羲之的书法就有了很大的进步。

一次，王羲之的老师卫夫人看到了王羲之的字，就和太常王策说："这孩子一定看过用笔诀窍，最近看他的书法，已经很老成了。"卫夫人还流着眼泪欣慰地说："这孩子将来的名声一定会超过我。"

果然，有一次晋明帝司马绍要去祭祀土地神，下令让王羲之把祭文写在木制祝版上，再派人雕刻。没想到木质祝版被送到刻者手中后，刻者把木头剔去一层又一层，发现墨迹竟然已经渗进木板深处，直到剔去三分厚才看见木板本来的颜色！刻者惊叹王羲之的笔力雄劲，发出感叹："竟入木三分！"

后来，"入木三分"成为成语，用来比喻书法功力好或分析问题透彻。

汉字知识馆

我国古代四大名木之一的黄花梨木，是世界上名贵的木材之一。黄花梨多生长在我国海南岛吊罗山海拔100米左右阳光充足的地方，因成材缓慢、木质坚实、花纹漂亮，常用于制作家具。此外，黄花梨木还具有药用价值，自带的天然清香有助于安神静气。因此，人们也喜欢用黄花梨木制作成手串随身携带。

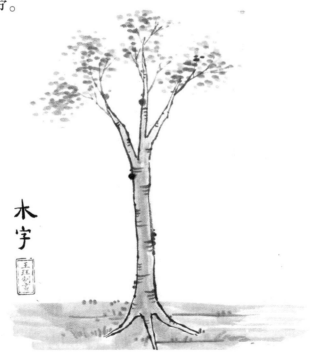

木字

林

lín

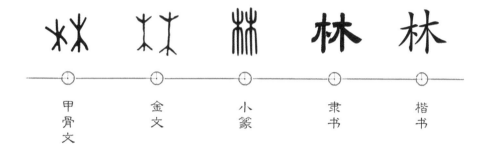

| 甲骨文 | 金文 | 小篆 | 隶书 | 楷书 |

　　"林"的甲骨文是由两个"木"组成的，它们并排站在一起，不像一个"木"那么孤单。一个"木"可以表示"树"，两个"木"当然就表示"树林"啦。它是一个会意字，需要用心体会哟！

汉字故事馆

| "林"姓的由来 |

"林"这个字有"树林"的意思，相传"林"姓的由来也与树林有关。

根据古书记载，商朝末年的时候，比干、箕子、微子一起在朝中任职。商纣王非常昏庸，一不高兴就杀人，百姓都很害怕他。比干等人都劝纣王不要残害忠良，但是他从来也不听，于是微子辞官离开了，箕子也假装发疯不当官了，最终只剩比干一个人留了下来。他认为：君王有过失但是不劝他改正，不是忠的表现。因为怕死而不敢说话，也不是勇敢之举。如果进谏了，君王不听，那是他的事情，但作为臣子就应该尽职。于是他不顾生死，进宫进谏，三天三夜都没有离开。

纣王见比干这样，就起了杀人的念头，说："我听说圣人的心都有七个孔，不知道你是否如此？"说完，他就让人把比干的心挖了出来。比干死去的消息传到家中，比干的夫人陈氏正怀着孕，她知道纣王一定会派人来追杀自己和孩子，就趁着天黑逃了出去，在郊外树林的石室中隐藏下来，直到平安地把孩子生下。因为生的是男孩，陈氏为他取名"坚"。

不久，纣王被周武王杀掉，商朝灭亡，比干夫人和遗腹子坚作为商朝名臣之后得到周武王的礼遇。周武王知道坚是在树林中出生的，特别为他赐姓"林"。就这样，"林"这个姓氏诞生了。

汉字知识馆

我们经常听到"御林军"这个词，其一般用来指古代护卫皇帝和京城的军队。在一般人眼中，御林军意味着装备精良，能征善战，攻无不克。

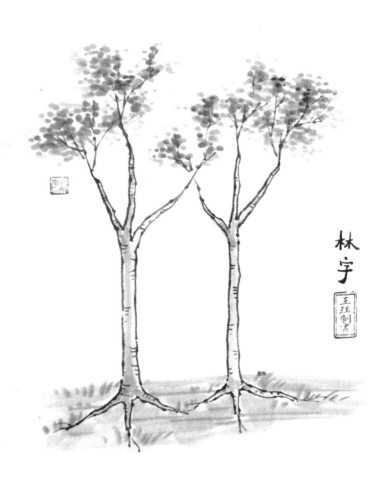

林字

森

sēn

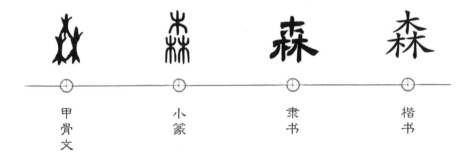

| 甲骨文 | 小篆 | 隶书 | 楷书 |

"森"字比"林"字还要多一个"木"，这表示"森"比"林"中的树木更多，"森"比"林"更大。它和"林"字一样，也是一个会意字，是树木丛生、茂密的意思。你可以通过"木""林""森"这三个字感受到明显的数量变化，是不是很有趣呢？

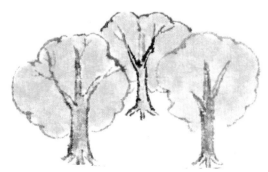

汉字故事馆

| 塞罕坝国家森林公园 |

我国的领土非常广阔，所以自然环境很复杂，森林、草地、沙漠、湖泊等应有尽有。但是有这么一个地方，在短短一百多年里，就经历了从森林到荒漠，再从荒漠到森林的转变，这个地方就是现在的塞罕坝国家森林公园。

塞罕坝国家森林公园位于河北省承德市围场满族蒙古族自治县，古时候，这里就是一处水草丰沛、鸟兽栖息的地方，森林非常茂密。根据史书记载，辽金时期塞罕坝甚至有着"千里松林"的美称。这里气候非常凉爽，环境好，鸟兽又多，非常适合打猎和游玩。于是，这里就成了清朝皇帝们避暑的风水宝地。

可就是这样一个美丽的地方，后来却有了一段黄沙遍地、寸草不生的时期。同治二年，清政府在塞罕坝开围放垦，大量的森林植被被砍伐，清理出的土地被当作耕地使用，一望无际的森林不断缩小。后来，随着日本侵略者的到来，塞罕坝再次遭受劫难，原本保留下来的树木被砍伐一空，再加上连年的火灾，原本水草丰茂、鸟兽遍地的塞罕坝森林，居然很难再看到一棵树了。

1962年，林业部正式组建塞罕坝机械林场。经过半个多世纪以来三代塞罕坝人的不懈努力，塞罕坝终于再次建起了万亩森林，恢复了往日的风采，实现了"荒原变林海、沙地成绿洲"的人间奇迹。

汉字知识馆

　　汉字从结构上来划分，可以分成独体字和合体字，而合体字又可以分成左右结构、左中右结构、上下结构、上中下结构、半包围结构和全包围结构等。我们学的这个"森"字，是一个特殊的上下结构——品字结构。品字结构的字又叫三叠字，是由三个相同的字成"品"字形排列的。需要注意的是，虽然这三个字是同一个字，但将它们写在一起时，还是需要注意每个字的变化。

树

shù

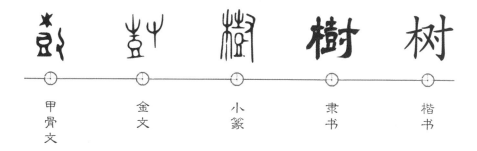

| 甲骨文 | 金文 | 小篆 | 隶书 | 楷书 |

你看树的甲骨文，就像一只"✋（手）"将一株"✲（木苗）"栽种在一个"🏺（盆）"里。所以"树（尌）"原本的意思就是栽树、种植。到篆文时，人们给"尌"加上了"木"字旁，特指树木。

汉字故事馆

| 树犹如此，人何以堪 |

南朝梁武帝末期，侯景在寿阳起兵，同年十二月进攻建康。当时庾信正担任建康令，负责维护建康的安危，可是在侯景与萧正德的里应外合之下，庾信很快便战败了。建康被攻破，庾信不得不逃到江陵，投奔梁元帝萧绎。

几年过后，庾信奉命出使西魏，但是他刚到西魏都城长安没多久，西魏的大军就打进了江陵，杀掉了梁元帝萧绎。不得已，庾信留在了长安。

江陵被攻破后，城中的江南名士被抓起来送到了长安。第二年，王克、沈炯等人获得批准，回到了南方；又过了几年，别的名士都陆续回到了故乡，只有王褒和庾信一直没有被放回去。

在长安的时候，庾信常常感慨自己这些年的遭遇，于是写出了一篇荡气回肠、流传至今的《枯树赋》，成功地描写了各种树木原本的姿态和生命力，以及树木受到的伤害和因为受伤而变得毫无生机的惨状，其中"树犹如此，人何以堪"一句，点明了他把枯树比作自己，流露出悲伤到绝望的情绪。

汉字知识馆

你知道哪种树木适合做火把吗？是松树！松树含有大量松脂，非常适合做火把。《三国志·魏志》中记载，孙权率领军队攻打合肥新城时，魏国名将满宠仅仅用几十个壮士和一些松枝做的火把，灌上麻油，从孙权的上风向放火，便将孙权打退。那么古人用的火把是怎么做的呢？把松树上树脂最多的部分切成细条，捆成一束就可以啦。当然，用树皮制作成柱状体，然后向中间放油脂粉末会更好。

树字

杏
xìng

汉字小秘密

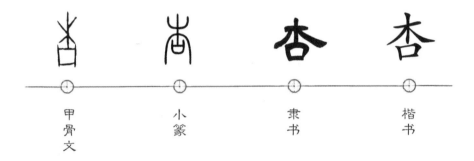

| 甲骨文 | 小篆 | 隶书 | 楷书 |

　　"杏"是一个会意字。"木"表示树。"口"的意思是杏树的果实是可以吃的。

汉字故事馆

| 杏林 |

三国时期，东吴有一位医术高超的医生，名叫董奉。他隐居在深山之中，每天为人治病。董奉为人治病从不收钱，只是让病人痊愈后在山上种杏树。病情比较严重的，种五棵杏树；病情比较轻的，种一棵杏树。就这样过了几年，董奉隐居的山上已经有了十万多棵杏树。那些杏树长得非常茂盛，慢慢地便成了一片杏林。

树上的杏子相继成熟后，董奉在杏林中建起一座草仓，将采摘下的杏子放到草仓之中，并告诉人们："谁要是想买杏子，不用专门来告诉我，只要拿着一容器的谷子倒进草仓，就可以自取一容器的杏子回家。"用谷子换杏子可是非常划算的，因此董奉每年都可以换到很多谷子。那这些用杏子换回来的谷子要怎么处理呢？它们被董奉用来赈济贫苦人家，或是招待在外赶路却缺少路费的旅人了。

因为董奉治病不为钱，还通过行医所得的杏林帮助了很多人，人们就用"杏林"代指良医，学医的人也常常以"杏林中人"自居。现如今，"杏林"已经是医界的别称。

汉字知识馆

　　"杏"是我国的一种本土水果。根据《本草纲目》记载，杏的叶子圆而有尖，二月开红花，五月可采果。这里所说的"果"，就是我们吃的杏的果实。而根据果实的不同外形及味道，李时珍将杏分为以下几种：又甜又有沙的，是沙杏；黄而带些酸味的，是梅杏；大得像梨、黄得像橘子的，是金杏。

果

guǒ

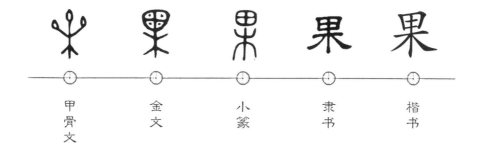

| 甲骨文 | 金文 | 小篆 | 隶书 | 楷书 |

"果"的甲骨文看起来就像树上结了三个果子。后来金文将三个果实省略成一个，还画出了果实中一粒一粒的籽。篆文为了简化字体，就将果实的形状写成了"田"，它就和我们现在看到的样子差不多了。

033

汉字故事馆

| 孙悟空盗人参果 |

这天，前往西天取经的唐僧师徒路过万寿山五庄观，便在观内借宿。恰逢观主镇元大仙要外出听经，便留了两个童子招待唐僧师徒，并嘱咐他们用后园的人参果款待唐僧。谁知唐僧见到形似孩童的人参果大惊失色，无论两个童子怎么劝，他都不肯吃。两个童子便把人参果分着吃掉了。

这一幕恰巧被八戒看见，他馋得口水直流，便怂恿孙悟空到后园偷果。悟空偷回了三枚人参果，和两位师弟一人一个，分着吃了。不料，童子很快就发现人参果被偷，来找唐僧师徒兴师问罪。悟空恼羞成怒，到后园推倒果树，铲了灵根，连夜带着师傅与师弟逃跑了。

镇元大仙回到观内，见人参果树惨遭毒手，立刻驾云捉回了唐僧师徒。镇元大仙说："若不能医好果树，你师徒定然难去西天取经。"悟空许诺，三日内一定寻得医树的妙方。他先来到东海向东海三星与东华帝君求助，可他们都无妙方。悟空只得又前往南海向观音求救。观音菩萨跟随悟空来到观内，用玉净瓶中的水医好了灵根，果实也恢复了原样。镇元大仙十分高兴，设下人参果会款待众人，并与孙悟空结为干兄弟。

唐僧师徒这才继续向西进发。

汉字知识馆

　　现在很多水果都是由国外传到中国的，受限于当时的运输条件，一些我们现今常吃的水果，古人根本没有见过！比如，葡萄和石榴是张骞出使西域带回来的。明清时期，我国才开始引进美洲的一些水果，比如凤梨。

果
宇

椅棋
桌梳

桌

zhuō

隶书   楷书

    古时候的桌子都是木头做的，所以"桌"用"木"作为部首。它的声旁"卓"隐藏在了"桌"这个字当中。

汉字故事馆

| 八仙桌的由来 |

八仙桌的由来，在民间有很多种说法，最著名的是下面两个。

一是说八仙在赴玉皇大帝的寿宴途中，经过一处名山，山中古木高大、花草飘香、鸟鸣清脆、泉水清澈，美得令人神往。于是，八仙决定在这里欣赏风景。由于没有桌椅，八仙就各显神通，变出石桌、石凳、香茗、鲜果等。后人为追求吉祥的寓意，就把可以坐八个人的方桌叫作"八仙桌"。

还有一个传说是说八仙结伴云游天下，路过杭州时，听说杭州有个"画圣"吴道子，就一齐来拜访。当时，吴道子正在家中作画，忽然看到这么多客人来访，连忙上前招呼。他们聊得非常开心，不知不觉就聊到了天黑。吴道子想：难得八仙来到我家，我应该好好招待他们。于是，他吩咐下人准备酒菜。可饭菜做好了，却没有能坐下这么多人的桌子。这时，吴道子灵机一动，大笔一挥，画出一张方方的"桌子"，正好够坐八个人。吕洞宾问吴道子："吴先生这张'桌子'倒很方便，叫什么名字呢？"吴道子想了想，说："这桌子是我为你们做的，干脆就叫'八仙桌'吧！"八仙桌的名字由此而来。

汉字知识馆

　　桌案类家具是中国传统家具中品种最多的一类。古代的桌子可以分为桌、案、几三大类别。桌的四条腿在桌面的四角，并与桌面垂直；案的四条腿则不在四角，而是略往里收；几相比桌和案就要小得多。古人家中必备的家具是方桌，桌面为正方形，规格有大有小，尺寸大的叫"八仙桌"，中等的叫"六仙桌"，尺寸小的叫"四仙桌"。

椅

yǐ

小篆　　　　　隶书　　　　　楷书

　　"椅"是一个形声字，左边的"木"表意，在篆书中像一棵树，表示这个字是树名。"奇"是声旁，表示发音。"奇"有奇特、不同的意思，指"椅"这种树木的木纹非常好看，和其他的树不同。由此可知，"椅"原本是一种树的名字，假借指有靠背的坐具的。注意，有靠背的才是"椅"，没有靠背的是"凳"。

汉字故事馆

| 龙椅的故事 |

故宫太和殿里有一把龙椅，根据故宫博物院文物专家的考证，可能是明嘉靖皇帝重建皇极殿时的遗物，它在清军入关后被继续使用，一直到袁世凯称帝才被换掉。

关于袁世凯换掉龙椅的原因有多种说法：一种是袁世凯觉得太和殿里的白色东西很碍眼，这把掉了金粉的龙椅也不好看，所以便命人打了一把西式大椅，替换了太和殿中原本的龙椅。另一种说法是袁世凯个子不高，那么大的椅子，坐上去不好看，所以才将龙椅换成了椅背极高、椅面较矮的西式大椅。还有一种说法是袁世凯得位不正，不敢坐。因为龙椅正上方有一个吊珠藻井，上面盘了一条龙，龙嘴里衔了一颗宝珠，据说如果坐在龙椅上的人不是真龙天子，龙珠会从龙嘴里掉出来砸中龙椅上的人。这个说法富有神话色彩，但是袁世凯还是相信了，他曾命人悄悄把龙椅往后挪了一点距离。可即使龙椅的位置已经移动，袁世凯还是不敢坐，所以他才命人打造了一把西式靠背大座椅，把殿里的龙椅替换了下来。

汉字知识馆

　　在中国古典家具中，有一种椅子十分特别，是古典家具中唯一用官职来命名的椅子，它就是"太师椅"。根据记载，太师椅最早出现在宋代，到清代时变得特别流行。太师椅外形庄重、严谨，靠背板、扶手与椅面间都成直角，这主要是为了突出主人家的地位和身份，只是坐起来并不舒服。不过从医学的角度来看，太师椅这种"规矩"的造型反而具有预防腰背疼痛的功效。

梳

shū

| 小篆 | 隶书 | 楷书 |

"梳"字左边表意，右边表声，"木"表示"梳"由木材制成，古时候没有塑料，木头是最便宜且容易获得的材料，所以古人用木头制作了很多生活用品，梳子就是其中一种。

汉字故事馆

| 梳子的传说 |

据说梳子起源于华夏上古时期，由轩辕黄帝的次妃方雷氏所创。黄帝身边有二十多位女子，这些女子的头发总是乱糟糟的，所以一遇到重大节日，她总要把这些女子叫来，用自己的手指把女子们的头发一一捋顺，有时甚至会把手指捋破。方雷氏经常为这件事发愁。

有一年，黄河发了一场大洪水。给黄帝发明舟船的狄货，从洪水中捞回了十几条大鱼，拜托方雷氏帮忙做好。方雷氏把石板用柴火烧热，将鱼放在上面煎熟，然后拿给狄货。狄货吃完鱼，地上堆了一堆鱼骨。方雷氏随手捡起一根鱼骨，看了看，觉得非常美观，便不由得用这根鱼骨梳自己乱乱的头发。一开始，她是无意的，可梳着梳着，方雷氏发现自己蓬乱的头发已经变得整整齐齐，她就有了一个想法。

第二天，方雷氏叫来这些女子，教她们用鱼骨梳头发。可惜，有的女子不会使用鱼骨，把鱼骨上的刺扎进了头皮；有的则用力过大，一下子把鱼骨折断了。于是方雷氏开始思考，可以用什么来代替鱼骨。有一天，她遇到了黄帝手下做木工的工匠，突然来了灵感，便要工匠按照鱼骨的样子，做一把木质的梳子。一开始，工匠做出的梳子的齿儿比手指头还粗，根本不能用来梳头发，后经过反复试验，工匠终于做出了能够梳理头发的梳子。妇女使用梳子的时代从此就开始了。

汉字知识馆

　　古代新人结婚都会用梳子梳头，有"一梳梳到尾，再梳梳到头"的说法，因此梳子寄托着"白头偕老"的美好愿望，寓意着爱情。梳子也是恋人之间表达爱意的信物，男女之间送梳子有订终身，想要与对方白头偕老的意思。直到现在，不少地方还有七夕送梳子的习俗。另外，梳子又名顺发，代表顺利发财的意思，因此将梳子赠予别人时，有赠送吉祥的含义。

棋

qí

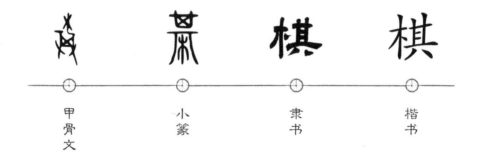

| 甲骨文 | 小篆 | 隶书 | 楷书 |

　　"棋"是一个形声字，你看它的甲骨文，"✗"表示小木块，"❀"表示发音。最早的"棋"是一种博弈玩具，在箕筐内投掷有不同记号的若干小木块，或手持盛有小木块的箕筐不断摇动，以小木块记号的组合结果定输赢。

汉字故事馆

| 举棋不定 |

春秋时期，卫国的一位国君非常残暴，引起了百姓的不满与愤怒。后来，卫国大夫宁惠子发动军变，将这位国君赶下台，又立了别人当卫国国君。宁惠子临死前觉得自己做错了，就将儿子叫到身边对他说："我的儿呀，当初我一时鲁莽，驱逐了国君。现在我觉得自己做错了，只有你能帮我改正错误了，把以前的国君接回来吧。"

一直流亡在其他国家的前国君听说宁惠子死了，就开始了复国的活动。他派人与宁惠子的儿子联系，许诺如果能让自己回来，就让他掌权，自己不管朝政。宁惠子的儿子有些心动，于是和众大臣一起商议，大家都反对他做这样的蠢事。一个大夫说："之前驱逐前国君其实并没有什么过错。但现在又要接他回来，这会很危险。就如同下棋，棋手如果举棋不定就会遭到失败。对待一个国君的废与立更是这样，犹豫不决就会招来灭族之祸。"但是宁惠子的儿子不听劝说，依旧迎回了前国君，最后反而被前国君用计除掉了。

"举棋不定"就是拿着棋子不知该如何下，比喻做事犹豫不决。

汉字知识馆

围棋是一项两人对弈类的智力型运动，起源于中国，至今已有4000多年的历史。围棋盘面有纵横各十九条等距离、垂直交叉的平行线，共三百六十一个交叉点，棋子分黑白两种颜色，是世界上最复杂的棋盘游戏之一。

细
织

绳
经

纯
纸

纯

chún

純	純	纯
小篆	隶书	楷书

　　"纯"指单一的颜色，因为刚抽出的蚕丝颜色比较单纯，所以"纯"也可以指蚕丝。正因如此，"纯"左边有"纟（糸）"做偏旁，是一个形声字。那么右边的"屯"只是表示发声吗？据说"屯"表示草木刚刚长出来的形状。因为草木长大以后颜色多而杂，而新芽大多都是绿色的，所以古人也用"屯"表示色纯。

汉字故事馆

| 棘刺刻猴——纯属骗局 |

春秋战国时期，燕王非常喜欢收藏各种新奇的东西，甚至为了收集那些新奇的东西花了很多钱。

有一天，一个卫国人求见燕王，说："我听说您喜欢珍奇玩物，所以特地来为您在棘刺的顶尖上刻猕猴。"燕王一听十分兴奋，因为王宫里虽然有很多雕刻品，可是还没有刻在棘刺上的猕猴。于是燕王给了卫人很多赏赐，对卫人说："我想马上看一看你在棘刺上刻的猴。"那卫人却说："棘刺上的猕猴不是一件普通的物品，只有非常诚心的人才能看见。如果您在半年内不入后宫、不饮酒食肉，并且在一个雨过日出的天气，抢在阴晴转换的那一瞬间去看，您就能看见刻在棘刺上的猕猴。"因为不能马上看到猕猴，燕王只好先养着那个卫人，等待机会。

郑国有个铁匠听说了这件事，觉得其中有诈，于是找到燕王，说："在竹子、木头上刻东西，需要有锋利的刻刀，而且被雕刻的物体一定要容得下刻刀的锋刃。我是一个打制刀斧的匠人，据我所知，棘刺的顶尖实在是太锋利，甚至比一个技艺精湛的匠人专心制作的刻刀还锋利，那卫人怎么能雕刻呢？如果那卫人真的能做到，那他一定是有一把特别锋利的刻刀。您不用等半年，只要现在看一下他的刻刀，就会知道他能不能刻出比针尖还小的猕猴。"燕王一听，觉得很有道理，说："这主意好！"于是他把那卫人传来，问："你在棘刺上刻猕猴用什么工具？"卫人说："用的是刻刀。"燕王说："我现在也看不到你刻的猕猴，想先看一看你的刻刀。"卫人没有拒绝，说："请您稍等，我去住的地方拿。"

燕王和在场的人等了将近两个小时，卫人还没有回来。燕王派侍者去找。侍者回来后说道："那个人已经找不到了。"燕王这才明白自己被骗了，可后悔也来不及了。

汉字知识馆

据说道家炼丹，炉中之火达到纯粹蓝色时，丹即炼成功了。后用成语"炉火纯青"比喻学问、技艺、品德修养、办事手段等达到纯熟完美的地步。

绳

shéng

小篆　　　隶书　　　楷书

"绳"是一个形声字。"纟（糸）"表示绳子与丝有关，古代的绳子大多是用草、麻等植物手工搓成一绺一绺的样子，再把它们合成一股，这就是最早的绳子啦！

汉字故事馆

| 长绳系日 |

从前有一个皇帝，一直想用绳子把太阳拽进皇宫，留住时间。于是他下令征集全国的能工巧匠，要打造一架能够碰到太阳的云梯。这架云梯需要由无数的小云梯叠加而成，而每打造一架小云梯，至少需要一棵四十米高的大树。为了建成这架云梯，皇帝几乎砍掉了全国的树木。终于，那架云梯建成了。

这天，太阳正好转到了皇宫的正上方，于是，皇帝立刻下令，让工匠们瞄准太阳，开始向上叠加云梯。只是当这架云梯叠加完成时，太阳早已经跑到了西边的山头，根本就碰不到了。

于是皇帝又下令征召全国最杰出的天文学家和算术家，想要算出什么时候向哪个方向叠加云梯才能碰到太阳，经过长达21天的计算，他们最终得出了云梯叠加的最佳时间。但当工匠爬到梯子的顶端时，又发现太阳像泥鳅一样，根本没有办法系上绳子。就在工匠不知道怎么办的时候，云梯和顶端的太阳突然像倒挂的钟摆一般，在空中晃了起来，以至于工匠下意识地将手扶向太阳，结果被烫了一手金黄的伤疤。

工匠手上的金黄伤疤不仅没有让皇帝放弃拴住太阳，反而使他更有动力了。他不断尝试调整云梯的角度和叠加云梯的时间，一直到去世也没能拴住天上的太阳，反而让时间悄悄地溜走了。

汉字知识馆

　　结绳记事出现在我国语言产生以后、文字出现之前的漫长岁月里。一些部落为了把本部落的风俗传统、传说以及重大事件记录下来，流传下去，使用不同粗细的绳子，在上面打成不同距离的结。每种结法、距离、大小以及绳子粗细都表示不同的意思。这些绳结会由专人记录，并代代相传。对于古人来说，这些大大小小的结是他们用来回忆过去的唯一线索。但结绳记事最大的问题，就是表达烦琐和麻烦，编制需要时间，而保存也非常困难，能够表达的意思又实在有限，所以最终被淘汰，由甲骨文接替。

细 xì

| 篆文 | 隶书 | 楷书 |

什么东西才算"细"呢？当然是丝啦。所以古人把"纟（糸）"作为"细"字的偏旁。你再看看篆文的右边，那可不是"田"字哟，它念作"囟（xìn）"，是"细"字的声旁。直到楷书时，人们才将"囟"简写成"田"。

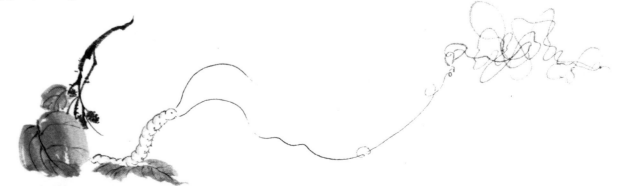

汉字故事馆

| 楚王好细腰 |

相传楚灵王特别喜欢腰细的人，甚至希望朝堂上的臣子们都能有杨柳那样婀娜多姿的细腰，他认为这样会让人赏心悦目，能使满堂生辉。因为楚灵王对"细腰"的钟爱，一些苗条柔弱的大臣往往更容易受到楚灵王的赞美、提拔和重用。

这样一来，满朝的文武大臣为了得到楚灵王的宠信，赢得他的欢心，就想尽各种办法减肥，拼命使自己的腰围变小。他们开始注意控制饮食，强迫自己一天只吃一顿饭，于是经常饿得头昏眼花；有的大臣甚至还想出了一套快速减肥的绝招，那就是在每天早晨起床穿衣服时，先做几次深呼吸，挺胸收腹，将气憋住，再用宽带将腰部束紧，这样就能使腰看起来更细一些。经过这样一番折腾之后，许多大臣的"细腰"渐渐失去了独立支撑身体的能力，这些大臣往往需要扶住墙壁才能勉强站立起来。

慢慢地，不仅当时的大臣们为了得到重用而减肥，宫中的女子也开始想办法瘦身，有的为了不使"细腰"变粗，甚至吞下布帛变相缩胃。于是就有了"楚王好细腰，宫中多饿死"的悲剧。

汉字知识馆

你知道古时候的"细软"究竟指什么吗？"细"指精细而珍贵的首饰，"软"则指绫罗绸缎等柔软易包装的物品。所以，"细软"指的是那些方便携带的值钱物件，一般的行李可不能算作"细软"。

纸

zhǐ

小篆　　　隶书　　　楷书

古时候没有纸张，我们的祖先就用蚕丝做成丝帛当作书写的"纸"，因此，纸用"纟（糸）"来作偏旁，"氏"是声旁表示发音。后来人们发明了造纸术，将树皮和竹子等原料捣碎后煮烂的浆液冷却后，用平板式的竹帘，捞起，成为纸膜。再将纸膜一张张叠好，上置重石，将水压出，再烘干，就能制造出价格低廉的纸来，我们的祖先是不是很聪明呢？

汉字故事馆

｜洛阳纸贵｜

左思小时候非常顽皮，不爱读书。他父亲经常为这事发脾气，可左思仍然淘气得很，不肯好好学习。

有一天，左思的父亲与朋友们聊天，朋友们羡慕他有一个聪明可爱的儿子。他父亲失望地叹口气说："快别提他了，他还不如我小时候，看来不会有出息了。"这场对话都被左思听到，他非常难过，于是暗暗下定决心，一定要刻苦学习。左思渐渐长大，终于成为一位学识渊博的人，文章也写得非常好。他用一年时间写成了《齐都赋》，显示出他在文学方面的才华。后来他又计划以三国时魏、蜀、吴的风土、人情、物产为内容，撰写《三都赋》。为了在内容、结构、语言等方面都达到一定水平，他潜心研究，精心撰写，废寝忘食，用了整整十年，《三都赋》终于写成了。由于当时还没有发明印刷术，喜爱《三都赋》的人只能争相抄阅。因为抄写的人太多，京城洛阳的纸张供不应求，一时间全城纸价大幅度上升。

后来，"洛阳纸贵"就用来形容好的著作，风行一时，广为流传。

汉字知识馆

　　造纸术与指南针、火药、印刷术合称为"中国古代四大发明"。早在西汉时期，中国就已经有了造纸术，只是那时候的纸做起来非常麻烦，需要花费大量的精力和金钱，做出来的纸却非常粗糙。直到东汉时期蔡伦改进了造纸术，用一些便宜又容易找到的原料，经过挫、捣、炒、烘等工艺制造出来，提高了纸的质量，纸才被普及开来。

经
jīng

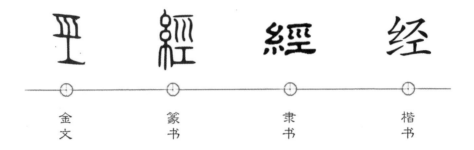

| 金文 | 篆书 | 隶书 | 楷书 |

"经"的金文下部是织布时撑线用的"工",上部的三条弯曲的线是织布时用梭穿织的竖纱,也就是"经线"。后来人们用"纟(糸)"作为偏旁,专门强调经与线有关。

汉字故事馆

| 老子与《道德经》|

春秋末期，天下大乱，老子决定辞官隐居，出关到西域去。

老子骑着青牛一路向西，到了函谷关，遇到了当时守关的关令尹喜。据说尹喜曾通过观测，见到一团紫气从东方向函谷关方向飘来，得知有圣人要从自己把守的关口路过，于是特意守在关口迎接。关令尹喜见到骑着一头青牛慢慢向关口行来的老子，就知道自己等的圣人来了，他非常兴奋，可听到老子要出关隐居，从此不问世事，又觉得非常遗憾，就想着一定要让这位著名的思想家留下他的智慧。于是，尹喜对老子说："先生想出关也可以，但是得留下一部著作。"

老子本来是不愿意写的，但是不写就不能出关，而且老子对关令尹喜已有一些了解，现在又知道他能通过看天象和云气发现自己经过，他本人也是有一定才能的，就决定在函谷关停留几天。这几天，老子口述，关令尹喜手记，将老子的智慧一个字一个字地写在了简牍上，先写了上篇，取名《道经》，接着又写了下篇，取名《德经》，上下两篇一共八十一章。几天后，老子骑着大青牛走了，留给后人一部惊天动地的著作和一个有趣的传说。

汉字知识馆

十三经是南宋时形成的十三部儒家经典，是从汉代的五经逐渐发展而来的。十三经最早的时候只有《诗经》《尚书》《周易》《礼记》《春秋》，称为五经；唐代的时候加入了《周礼》和《仪礼》，同时把《春秋》分成了《春秋左氏传》《春秋公羊传》和《春秋穀梁传》，为九经；后唐开成年间又加入了《孝经》《论语》《尔雅》，为十二经；到了南宋又增加了《孟子》，十三经正式形成。

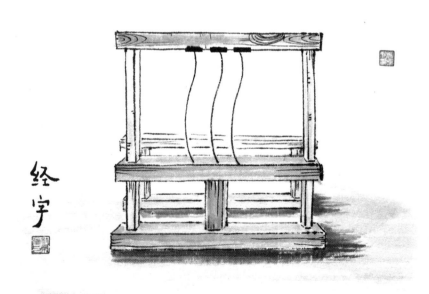

经字

织

zhī

| 金文 | 小篆 | 隶书 | 楷书 |

　　古人用丝麻来织布，因此篆文以后，与此相关的织、纺、线等字都用"纟（糸）"来当偏旁，后来人们将这个复杂的字简化成了"织"。中国古代神话故事中的织女，就是一个善于织补的仙子。

汉字故事馆

| 纺织女神——嫘祖 |

在远古时代，人们身上穿的是麻制的衣服。这种衣服又重又硬，颜色也不够光鲜。当时大地上有一个蚕神，他每天都爬到大桑树上，不停地吐着银白闪光的细丝，但是人们不知道可以利用丝来做衣裳。

有一次，黄帝打了胜仗，老百姓都前来庆贺，蚕神把吐的丝作为礼物献给黄帝。黄帝把蚕丝交给元妃嫘祖，嫘祖看到蚕丝轻若浮云、柔似流水，就将其织成绢，然后做成衣服。这种衣服既好看又舒服，于是嫘祖决定试着养蚕。她每天采摘桑叶，精心喂养这些蚕。蚕慢慢长大，吐出很多蚕丝，嫘祖把这些蚕丝织成绢，然后又做成衣服。老百姓看到嫘祖养蚕、织绢，也纷纷效仿，嫘祖就把这方面的技术传授给老百姓。就这样，养蚕便在中国盛行起来。

事实上，养蚕和纺织丝绸是我们的老祖宗在长期劳动中的创造，并不是由哪一个人发明创造出来的，嫘祖实际上就是勤劳与智慧的劳动人民的化身。

汉字知识馆

中国古代织造技术经历了漫长而辉煌的时间。最原始的织布技术完全是凭借双手进行的，因此织物的长度和宽度都有限。新石器时期，纺织工具出现了，原始腰机的发明为人们解决了真正的穿衣问题。随后，经过各朝各代的技术发展，纺织的工具越来越多，纺织的速度越来越快，织物上的花纹也越来越复杂、漂亮，这些美丽的丝绸、布匹甚至被卖到国外，得到了世界各国人们的喜爱。

织字

香和
和香
禾种
种禾

禾

hé

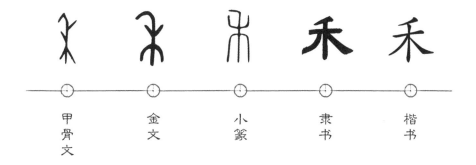

| 甲骨文 | 金文 | 小篆 | 隶书 | 楷书 |

"禾"的甲骨文就像一株禾苗，上端是垂下来的谷穗。到了金文，这株禾苗好像更加成熟了，沉甸甸的谷穗把稻秆都压弯啦。"禾"的小篆沿用了甲骨文和金文的形态，直到今天，它的样子也没有发生太大的改变。

汉字故事馆

| 风禾尽起 |

大家知道那个为了接见贤才，吃饭吃到一半也要把饭吐掉的"周公"吗？

周公，单名一个"旦"字，因此后人也叫他"周公旦"。周公旦是周文王姬昌的儿子、周武王姬发的弟弟，是一个忠孝仁爱，还非常懂礼仪的人。他一直兢兢业业地帮助哥哥处理政务，是周武王的得力助手。

周武王因病去世后，周成王年纪还很小，周公旦就留在他身边替他处理政务。但是慢慢地，朝中有了一些流言：周公旦可能会对天子不利。周成王年纪毕竟还小，听了流言不禁怀疑起周公旦的忠诚，叔侄二人生了嫌隙。

就在这年秋天，狂风伴着雷电，将田里的禾苗都吹倒了，大树也被吹得连根拔起，大家都非常害怕！这时，周成王看到一个盒子，盒子里装着当年周武王重病之时，周公旦想要代替周武王生病的祈祷册子。周成王顿时感受到周公旦的忠心，消除了对他的怀疑。当周成王再次到郊外看禾苗时，天空下起了雨，大风将禾苗吹了起来，又是好收成的一年。

汉字知识馆

禾苗指的是谷类作物的幼苗，那么它种出来是稻子还是麦子呢？实际上"禾"是所有的谷类作物的一个总称，包括水稻、麦子、谷子、高粱、玉米等作物。也就是说，我们吃的大米、面粉、玉米等在幼苗时期都可以被叫作"禾苗"。不过目前，我们一般用"禾"特指初生没有吐穗的水稻。

禾字

香

xiāng

| 甲骨文 | 金文 | 小篆 | 隶书 | 楷书 |

"香"字甲骨文的上部为麦形，两个小点表示麦粒下落。等发展到小篆时，上部为"黍"，下部的"口"改成了"甘"，表示五谷的甜美芳香。

汉字故事馆

| 香筒碧 |

在济南大明湖公园举办的荷花节上，一种独具济南特色的饮料叫人难忘，那就是"碧筒饮"。

碧筒饮其实就是一种装在荷叶里的饮品，最早指用荷叶装着的美酒。看到这里你是不是有些吃惊，"荷叶"居然可以用来装"美酒"，这是多么浪漫的一种饮酒方式啊！

据唐代人段成式的《酉阳杂俎》记载，用荷叶饮酒是魏晋时期齐郡刺史郑公悫的发明。每到炎热的"三伏"到来，郑公悫都会率领宾客幕僚到使君林（今大明湖、北园一带）避暑游玩。当时的大明湖还叫莲子湖，湖中荷叶田田、荷花鲜艳。郑公悫等人玩到尽兴的时候，常常割下湖中带着茎的荷叶，将美酒倒入其中，然后用簪子刺穿叶心，使刺出来的孔洞与荷叶的茎相通。接着，他们会将空心的荷叶茎弯成象鼻的形状，轮流从茎的末端吸酒喝。

因为美酒流经荷叶的茎，人们都说这样的美酒"酒味杂莲气，香冷胜于水"，于是这种浪漫的饮酒方式就流传下来，慢慢地有了"香筒碧""折荷筒酒""碧荷贮酒"的典故。

汉字知识馆

　　我国有句古话："入芝兰之室，久而不闻其香。"意思就是说进入充满兰花香气的房间，时间久了就闻不到香气了。这是因为我们如果持续闻一种香味儿，大脑皮层的嗅觉中枢就会觉得非常累，于是大脑的保护机制就会降低嗅觉细胞的敏感度。这时，我们感知这种气味儿的能力变低了，也就感觉闻不到香味儿了。

种

zhòng

小篆	隶书	楷书

　　"种"是一个形声字，"禾"表意，表示与谷物有关，"重"表声。汉字简化后，"中"代替"重"成为"种"字的声旁。"种"字可以表示种植，这时它读作"zhòng"。

汉字故事馆

| 当门种兰 |

建安二十三年，刘备想出兵夺取汉中，就问大家的意见。当时担任益州后部司马的张裕说："您不可以去争夺汉中，大军前去一定会遇到不利的情况。"但是一心想夺取汉中的刘备根本没听张裕的话，仍派兵出征，结果虽然得到了汉中的土地，却未能得到当地老百姓的心，派遣去攻打武都的吴兰、雷铜二位大将也都有去无回。

后来，张裕预测了蜀汉的灭亡时间，有人将张裕的预测说给刘备听，刘备勃然大怒。他原本就因为张裕曾经对他出言不逊而不满，此刻听了这种话更是愤恨不已，于是立刻以张裕劝谏争夺汉中的事情不应验为由，下令把他逮捕入狱，准备杀了他。

诸葛亮得知张裕被关押，就上表请求刘备宽恕张裕的罪过，免他一死。刘备回答说："兰花虽好，但它生在门口挡路，不得不把它锄掉。"（比喻贤能之士生性刚直，时有违迕，为上者将不能容忍，势必去之）于是，刘备下令将张裕斩首。

汉字知识馆

俗话说："种地不得时，必定讨苦吃。"种地的时间与一年的时令、气候、物候等方面联系得非常密切。古时候，为了认知时节规律，指导农事，"二十四节气"就产生了。二十四节气分别为：立春、雨水、惊蛰、春分、清明、谷雨、立夏、小满、芒种、夏至、小暑、大暑、立秋、处暑、白露、秋分、寒露、霜降、立冬、小雪、大雪、冬至、小寒、大寒。

和 hé

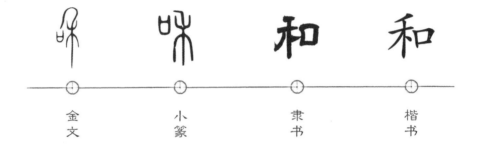

| 金文 | 小篆 | 隶书 | 楷书 |

"和"是形声字。"和（hé）"字表平和、和缓；和谐、和睦等意思。

汉字故事馆

| 以和为贵 |

南朝梁吴均所写的神话志怪小说集《续齐谐记》中，有这样一则故事。京兆（今西安附近）有三兄弟，老大叫田真，两个弟弟分别叫田广、田庆。他们的父母去世后，田真就打算把家产分为三份，兄弟分家。所有的东西都分好了，但是田真发现他们家门口有棵紫荆树，这棵树怎么分呢？两个弟弟就说："干脆我们把它砍成三份，每人一份，这样就公平了。"没过多久，这棵紫荆树还没等他们砍，就枯死了。

田真一看到树枯死了，突然想到"同气连枝"，便对他的两个弟弟说："我们兄弟分家，现在又要把树分了。树感受到这种失和，这种不友爱，马上就枯死了。我们不能连树木都比不上啊。"

听了田真的话，田广和田庆也想到他们的父母肯定不愿意看到他们分离。于是，兄弟三人决定从此住在一起，永不分离。让他们没想到的是，门前的这棵紫荆树没过多久又活过来了，并且长得越来越茂盛。

汉字知识馆

中国的"和"文化源远流长。对于中国人来说，以和为贵、与人为善是生活习惯，更是文化认同。在大的方面，我们希望天下和平、社会稳定、国家强盛，"大家"和。在小的方面，我们也希望自己的小家能够和谐，父慈子孝、兄友弟恭。就连面对家庭之外的人，我们也习惯展示自己温和的一面，营造一种亲善友爱的人际关系。"和"的价值观可以说完全融入了我们的血液，这也使我们创造出很多与"和"相关的词语，如和蔼可亲、和颜悦色、和睦相处、家和万事兴等。

鸟　乌
鸡　鸭

鸟

niǎo

汉字小秘密

甲骨文　　金文　　小篆　　隶书　　楷书

　　"鸟"字的甲骨文是一只鸟的形状，从字形上还可以明显地看到鸟儿尖尖的嘴和细细的爪。金文的"鸟"字更形象了，还有羽毛和羽冠呢！小篆时鸟喙的形象淡化了。到了隶书，字形变化更大，和我们现在的"鸟"字就很像了。后来，在字形简化时，为了书写简便，人们就将"鳥"简化成了"鸟"。

汉字故事馆

｜惊弓之鸟｜

魏国有一个射箭能手叫更羸。有一天，更羸跟随魏王到郊外去打猎，一只大雁从远处慢慢地飞来，边飞边鸣。

更羸对魏王说："大王，我不用箭，就能把大雁射下来。"对于更羸的话，魏王根本就不相信。更羸说："那么，请您让我试一试。"说完，更羸把手中的弓对准天上的大雁，然后慢慢把弓拉满。紧接着，他的手一松，只听得"嘣"的一声响，那只掉了队的大雁便应声从半空中掉了下来。魏王大吃一惊，连声说："真有这样的事情！你是怎么做到的？"更羸笑着说："大王，其实这是一只受过箭伤的大雁。这只大雁飞得慢是因为它身上的箭伤让它感到疼痛，叫声悲惨是因为它离开同伴已经很久了，心里很害怕。当听到弓弦声响后，它害怕再次被箭射中，于是就拼命往高处飞。本来还没愈合的伤口又裂开了，它难忍疼痛，再也挥不动翅膀，就从空中掉了下来。"

后来，人们通过这个故事引出了"惊弓之鸟"这个成语，用来比喻受过惊恐见到一点儿动静就特别害怕的人。

汉字知识馆

我国古代神话传说中有这样一种鸟，只要一出现，就代表着有火灾要发生，这种鸟就是毕方鸟。毕方鸟的外形像丹顶鹤，但是只有一条腿，它的喙是白色的，身体是青色的，上面附有红色的斑纹。

乌

wū

| 金文 | 小篆 | 隶书 | 楷书 |

"乌"字的金文上部是头，嘴巴朝天，向右的曲线表示翅膀，下伸的部分是爪子，眼睛中没有黑点儿。后来"乌"引申出黑色的意思，比如乌黑、乌云等。

汉字故事馆

| 乌鸦反哺 |

从前有一个孩子，他对他的父母特别不孝顺。他父母很生气却又没有办法，只好把他交给他的舅舅。他的舅舅虽然是一个不识字的放羊倌，但很会教育子女。舅舅把他带回家后，既没有批评他，也没有惩罚他，只是给了他一根羊鞭，让他跟着自己去放羊。

当时是六月的一个中午，天气很热，小鸟都藏在浓密的树叶中不出来了，舅舅把他带到一棵大树下乘凉。这时，他发现有几只小乌鸦在炙热的太阳下飞来飞去，便好奇地问舅舅："小乌鸦不怕热吗？飞来飞去忙什么呢？"舅舅指了指树上的鸟窝说："鸟窝里有一只老乌鸦，它在小乌鸦小的时候每天早出晚归，到处寻找食物来喂养小乌鸦们。现在它老了，飞不动了，没办法再去寻找食物了，这些长大了的小乌鸦就会飞出去找食物，给老乌鸦吃。小乌鸦就这么照顾着老乌鸦，从不厌烦，直到老乌鸦自然死去。这就叫'乌鸦反哺'。孩子，乌鸦都知道反哺，我们作为人，难道还比不上乌鸦吗？"

听了舅舅的话，他低下头，想起自己以前对待父母的态度，懊悔地哭了。从此以后，他变成了一个孝顺的孩子。

汉字知识馆

　　三足乌是神话中的神鸟，《山海经·大荒东经》中有关于它的记载：
"汤谷上有扶木，一日方至，一日方出，皆载于乌。"汤谷是古代神话中
太阳升起的地方，据说那里有一棵扶桑树，当一个太阳刚回到汤谷的时
候，另一个太阳就要从扶桑树上出去，而太阳的升起和降落都是由三足乌
驮着的哟！

鸡

jī

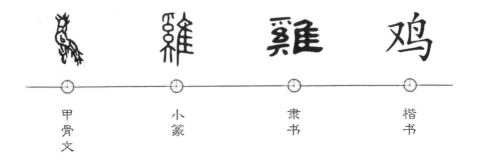

| 甲骨文 | 小篆 | 隶书 | 楷书 |

　　"鸡"的甲骨文是一个象形字，从字形上看，就能看出这是一只仰天高叫、有着美丽羽毛的大公鸡。"鸡"的小篆左边"🎵"表示发音；右边的"隹"是"佳"，在甲骨文中是所有短尾鸟的总称。隶书延续了小篆的字形。现代汉字简化时，人们将"雞"简化成了"鸡"。

汉字故事馆

| 鸡鸣狗盗 |

战国时期，齐国的孟尝君喜欢招纳门客，他对门客来者不拒，有才能的让他们各尽其能，没有才能的也给他们提供食宿。

有一次，孟尝君率领众门客出使秦国，秦昭王将他留下，想让他当相国。孟尝君不敢得罪秦昭王，只好留下来。不久，大臣们劝秦昭王说："孟尝君出身齐国王族，在齐国有封地、有家人，怎么会真心为秦国办事呢？"秦昭王觉得有理，便想把孟尝君和他的门客们软禁起来，然后找个借口杀掉。秦昭王有个最受宠爱的妃子，昭王很听她的话，孟尝君便找人去向她求助。妃子答应了，条件是她要一件之前孟尝君送给秦昭王的白色狐裘。可是狐裘只有一件，怎么办呢？

就在这时，一个门客说："我能把狐裘找来！"原来这个门客善于钻狗洞偷东西，他很轻易地就把狐裘偷了出来。妃子见到狐裘高兴极了，便想方设法说服秦昭王放弃了杀孟尝君的念头，并准备过两天为他饯行，送他回齐国。可孟尝君不敢再等下去，就带领门客连夜来到函谷关准备出关回家。函谷关每天鸡叫才开门，当时正是半夜，鸡怎么能叫呢？大家正在犯愁时，一位门客"喔，喔，喔"几声雄鸡啼鸣，引得城关外的雄鸡都跟着打鸣了。守关的士兵虽然觉得奇怪，但也只得打开大门放他们出去。就这样，孟尝君靠着"鸡鸣狗盗"之士逃回了齐国。

汉字知识馆

　　古人对鸡非常重视，把鸡视为吉祥物，还把农历正月初一定为"鸡日"。这是为什么呢？我们都知道，当太阳升起的时候，鸡就会啼鸣报晓，告诉大家新的一天开始了。所以，在新年的第一天，人们会用红纸剪出鸡的形状贴在窗户上当窗花，预示着新的开始、新的希望。

鸭

yā

小篆　　　　隶书　　　　楷书

　　"鸭"是一个形声字，左边的"甲"是声旁，表示发音。从篆文开始，鸭的字形一直没有发生大的改变，直到现代简化汉字时，才将鸭的偏旁"鳥"简化为"鸟"，便于书写。

汉字故事馆

| 鸭子的故事 |

相传，从前鸭子叫"扁嘴"。当时公鸡负责早晨打鸣，催人劳动工作，扁嘴负责黄昏打鸣，催人收工睡觉。那时各地常有水灾，扁嘴跟公鸡都不通水性，一起蹲在树枝上躲灾。一天天过去了，它们预备的粮食吃得一点不剩，那水还是光见涨不见退。突然，从水中走过来一个人，这人在水里行走，飞一样快，他就是禹王。禹王在人间治水，正好从扁嘴和公鸡的身边路过，它俩一看来了救星，一齐央求："禹王，禹王，救救我们吧！"禹王很同情它们，从怀中摸出一粒金丹，对它们说："明天天亮时你俩把这金丹分开吃下，以后就不用怕水了。"说罢又匆匆忙忙地治水去了。

公鸡和扁嘴得了金丹，心里很高兴。晚上，它俩像往常一样，扁嘴值夜，公鸡睡觉。扁嘴守着金丹，心想：这么小的一粒金丹，分开吃能管用吗？扁嘴一狠心，把金丹整个吞下肚去，立刻就浮在水上，将鱼虾吃了个饱。而公鸡醒来后发现扁嘴和金丹都不见了，心里一急，掉进水里淹死了。公鸡死后找到禹王诉说委屈，禹王派人把扁嘴抓来，让卫兵抽它三百皮鞭，抽得扁嘴哭坏了嗓子，无法再打鸣。从那以后，人们就管它叫"哑（鸭）子"。

汉字知识馆

　　我们有时会听爷爷奶奶说"六畜兴旺"，这六畜指的就是牛、马、羊、猪、鸡、狗这些农村常见的家禽和牲畜。可鸭子也是一种常见的家禽，为什么它没有在六畜之列呢？原来，人们列六畜是因为它们与人类生活关系紧密，如牛能耕田、鸡能报晓等。而鸭子生活在水中，从驯化、饲养和贡献等方面来说都比不上这六畜，所以六畜就不包含它了。

鸭字

蛛　蚁　虫
蜻　蛙

虫

chóng

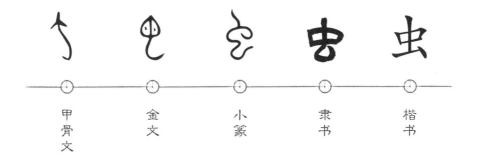

| 甲骨文 | 金文 | 小篆 | 隶书 | 楷书 |

甲骨文的"虫"就像是一个脑袋尖尖、身体长长的蛇。到了金文，它的头部加上了两点"丷"，活脱脱像一条眼镜蛇。其实"虫"的本义就是蛇，只不过后来人们另造了"蛇"字。

汉字故事馆

| 雕虫小技 |

谦虚一直是我们中华民族的传统美德，因此如果某人在某个领域或者某一方面取得了过人的成绩，受到别人的赞赏时，当事人往往会谦虚地说道："雕虫小技，不足挂齿。"那么这句表示谦虚的话究竟是从哪里来的呢？

这个故事发生在唐朝。当时，有一个叫韩朝宗的人，为人非常热心。任职期间，他经常帮助那些有才华的年轻人，积极地向上级推荐他们，使他们获得理想的职位。因此，当时社会上的年轻人都非常敬慕他，就连大名鼎鼎的大诗人李白也曾给他写过信。

那时，李白流落到楚汉一带，生活非常艰难。他觉得自己有着非常出众的才华和抱负却得不到施展，情绪十分低落，于是每天借酒消愁。后来，李白听说了韩朝宗的事迹，并得知他就在本地任刺史，就试着写了一封信给韩朝宗，请求他帮忙找适合自己的职位。

李白在信的末尾形容自己的才能时，写了一句："恐雕虫小技，不合大人。"意思是说，恐怕我写文章的技巧，只是一些微不足道的小伎俩，不够让大人欣赏。但李白的才华并没有被这句自谦的话掩盖，反而得到了韩朝宗的赞赏。没过多久，韩朝宗就给李白找了一个合适的职位，让他充分发挥自己的才能。

而李白这句自谦的话后来被人们用来谦称自己的某项本领、技能比较微小，不值一提。

汉字知识馆

冬虫夏草作为一种名贵的中药，究竟是虫子还是草呢？原来它既不是虫也不是草，而是真菌寄生在昆虫幼体上形成的一种复合物。这种真菌生长在海拔4000米以上的高山，冬天寄生在蝙蝠蛾科的昆虫幼虫体内，一边吸收营养，一边在虫子体内生长菌丝，就成了我们所说的"冬虫"。慢慢地，幼虫被菌丝替代，到了第二年夏天，真菌从虫子头上顶出一根"嫩芽"，拱破泥土，"夏草"就长了出来。

蚁

yǐ

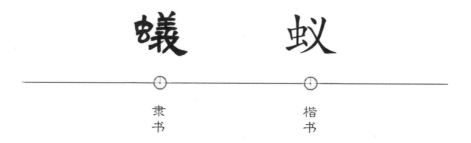

蚁 蚁

隶
书

楷
书

　　"蚁"是我们生活中最常见的昆虫，因此用"虫"来当偏旁，"义"是它的声旁，表示发音。蚁的个头很小，但是数量庞大，它们平时分工劳动，而且注重合作，你可以叫它们"有义气的小虫子"，这样是不是就很容易记住"蚁"的写法了呢？

汉字故事馆

| 千里之堤，溃于蚁穴 |

古代，黄河总是暴发洪水，这让黄河两岸的老百姓叫苦不迭。为了治理黄河水患，有一个村庄的农民齐心协力地筑起了长长的、坚固的堤坝。

有一天，一个老农路过堤坝时，突然发现堤坝上的蚂蚁窝一下子增加了许多。老农心里想：这些蚂蚁窝会不会影响堤坝的安全？为了安全起见，老农决定回村里跟大家说说这件事情。在回村的路上，老农遇见了他的儿子。儿子问他这么急匆匆地回村里干什么，老农就把在堤坝上发现蚂蚁窝的事情告诉了儿子。谁知儿子听了，哈哈大笑，说道："爹，您真是太操心了。咱们的堤坝修得这么坚固，怎么会因为几只小小的蚂蚁就决堤了呢？您有这工夫，还不如下地和我干活去呢。"老农听了儿子的话，觉得很有道理，于是没再把这件事放在心上，跟着儿子一起下地了。

谁知，就在当天晚上，风雨交加，黄河水猛涨起来，咆哮的河水开始从蚂蚁窝渗透出来，继而喷射，最终导致堤坝被毁，两岸的村庄也都被淹了。

汉字知识馆

你知道古人是怎么称呼蚂蚁的吗？明代医药学家李时珍的《本草纲目》记载，蚁又叫玄驹、蚍蜉。中医中可以入药的大黑蚂蚁是玄驹。蚍蜉属于一种体形相对较大的蚂蚁，喜欢生活在潮湿温暖的土壤之中，有一定的毒性，现在被用来指自不量力的人。

蛛
zhū

小篆   隶书   楷书

　　"蛛"也是一个形声字，"虫"表意，"朱"是它的读音。蜘蛛虽然长相可怕，但是对我们人类来说，它是一种十分有益的昆虫。蜘蛛依靠自己吐丝结网来捕食其他昆虫，而且它捕食的大多是害虫。如果你在家中看到蜘蛛不要惊慌，它可能已经帮你消灭了不少蚊虫呢。

汉字故事馆

| 蜘蛛织网 |

一天，蜘蛛出门散步，正好看见织女在湖边织布，它悄悄爬了过去，仔细观察起来，心想：我要是能学会织女的手艺，就可以织出来一张大网，每天等着美食上门。想到这里，蜘蛛更加专注起来，还暗暗记下了织女起线、穿梭等技艺。这一观察就是一个月。

一个月之后，蜘蛛又看见织女给别人裁布做衣服，更加觉得神奇，就手舞足蹈地模仿起织女的动作。一天，蜘蛛在房梁上正模仿得专注，一不小心就从房梁上掉了下来，织女看见了，急忙伸手接住它，说："我很感谢你为我清除了周围的害虫，所以才一直让你看我是怎么织布做衣服的，而你看了这一个多月，竟然已经能够简单模仿了，真的是非常有天分。只是你织的网是用来捕捉害虫的，和我织布的方法还是有些不同，这样吧，我教你一种新的织法，你根据捕捉地点和要捕捉的食物适当地修改一下，我保证你以后不愁吃喝。"蜘蛛听完织女的话，非常惊喜，连忙上前听织女传授织网的秘诀。

织女走后，蜘蛛就在湖边努力练习织网。一开始，蜘蛛织的网并不是很牢固，一只小飞虫就能将它撞破。于是蜘蛛试着将破洞的位置重新补好，还加固了其他地方。终于，小飞虫再也撞不破蜘蛛的网了，可新的问题也出现了——小飞虫撞到网上还是会跑掉！蜘蛛想到自己的黏液可以粘住小飞虫，就试着用黏液形成的丝来织网，果然，之后落进网里的小飞虫都飞不掉了，蜘蛛在家就可以轻松享用到美味的食物啦！

汉字知识馆

蜘蛛是一种益虫，因为它的外形很像汉字"喜"，古人认为它是可以预兆吉祥的虫，看见蜘蛛就意味着喜事连连、好运将至，因此习惯叫它"喜虫"。

在古代，人们普遍以蜘蛛为吉祥物，认为蜘蛛沿着蛛丝往下滑，寓意"天降好运"。另外，因为"蜘蛛"的谐音和"知足"相似，因此又有"知足常乐"的寓意。蜘蛛与蝎子、蛇、蜈蚣、蟾蜍是玉雕中的"五毒"。中国古人认为毒能克毒，佩戴雕刻五毒的玉饰能以毒攻毒、百毒不侵。所以下次看到了蜘蛛，不要害怕，它可是个代表着"好运"的益虫呢！

蛙
wā

小篆　　　　隶书　　　　楷书

　　"蛙"字的篆文是由"圭"和"黾"组成的。"圭"是"洼"省去了"氵"，表示读音。那么"黾"是一个什么东西呢？我们来看看，"黾"的金文字形是"　"，这不就是一只小青蛙吗？后来，"黾"被简化成了"虫"，"蛙"字就变成了我们今天看到的样子。

汉字故事馆

| 井底之蛙 |

有一只青蛙，长期生活在井底，它觉得自己住的这口井是全世界最好的地方，井水又清澈又甘甜，井底的泥巴又软和又舒服。抬起头来，能看到井口正上方的蓝天和白云；低下头，还可以在井水中欢快地踩泥巴，别提多自在了。所以除了偶尔跳到井沿上晒晒太阳，它几乎不怎么出去。

一天，青蛙正在井底睡觉，忽然听到井口处传来一阵窸窸窣窣的声音，它抬头一看，原来是一只海龟从自己的井口路过。青蛙主动和海龟打招呼，很快就和对方成了好朋友。青蛙对海龟说："朋友啊，我在这里特别快乐，想要出去，就跳到井口的栏杆上；想要休息，就蹲在洞里。我跳进水里，水刚好到我的胳肢窝和脸颊；我去踩泥巴，泥正好可以盖住我的脚背。别提多有意思了，你也快下来和我一起玩耍吧。"

海龟接受了青蛙的邀请，说："好。"可是，海龟的身体太大了，一只脚刚踏进井里，另一只脚就已经卡住了，试了好长时间，也无法下去。海龟只能笑着对青蛙说："我可从来没遇到过这种情况。我住在大海里，那里可大了，怎么游都游不到边。夏禹时期，十年中有九年水灾，可是海水并不见增多；商汤时，八年中有七年干旱，可是海水也不见减少。永恒的大海啊，不随时间的长短而改变，也不因为雨量的多少而涨落。这才是住在大海里的最大快乐啊！"

这是《庄子》中的一个故事，后来人们就用"井底之蛙"来比喻见识狭小的人。

汉字知识馆

一首名叫《西江月·夜行黄沙道中》的词中，有这样一句："稻花香里说丰年，听取蛙声一片。"意思就是说，在稻花的香气里，耳边传来一阵阵青蛙的叫声，好像在说今年是一个丰收的好年景。作者可不是随便说说而已，蛙声真的和丰收有关系呢！青蛙有一个别名，叫"护谷虫"，它捕虫的本领可大了。青蛙还是小蝌蚪时，它们就能消灭爱咬稻根的蚊子幼虫，等长大了，青蛙会吃水稻螟虫、蝗虫、蚊子、苍蝇、蜗牛等。农民伯伯都特别喜欢青蛙，青蛙越多，能帮农民伯伯消灭的害虫就越多。所以青蛙呱呱的叫声仿佛在说："农民伯伯放心吧，今年有我们，肯定又是一个丰收年。"

蛙字

王玫作

蜻

qīng

小篆　　　隶书　　　楷书

　　"蜻"是一个形声字，"虫"表示它是一种昆虫，"青"表示发音。蜻蜓的眼睛又大又鼓，占据着头的绝大部分。蜻蜓的视力非常好，这可以使它在空中灵活地捕食小飞虫。蜻蜓也是防治虫害的小能手哟！

107

汉字故事馆

｜琉璃蜻蜓眼｜

"蜻蜓眼"是古代一种饰品的俗称，因为饰品上面有很多像蜻蜓眼睛一样的纹路，所以被叫作"蜻蜓眼"。"蜻蜓眼"由玻璃制成，而玻璃在古时候又被称为"琉璃"，所以这种饰品又叫"琉璃蜻蜓眼"。关于这种饰品，还有一个传说。

相传随侯在一次出游途中，他行至溠水河边的一个土丘上，看到了一条受伤的大蛇，那大蛇疼得在河边打滚儿，头部流了很多血。随侯觉得这条蛇非常可怜，就派人用草药糊住蛇头上的伤口，医治它的伤。然后随侯又用自己的手杖把它挑到水边，让它恢复体力后游走。

之后的一天夜里，随侯从梦中惊醒，他发现那条大蛇绕在他的床头，嘴里含着一颗又大又圆的明珠。那条大蛇看见随侯醒来，向他示意，然后放下明珠就离开了。

原来，这是那条大蛇为报答随侯的救命之恩，特意找来的一颗明珠，这就是"随侯珠"的由来。很多人认为，传说中那颗美丽硕大的明珠就是当时流行的"琉璃蜻蜓眼"。

汉字知识馆

昆虫早就成为古人"微小的朋友",因此描写蝴蝶、蚱蜢、知了、蜻蜓的文章、画作理所当然地表达了古代文人生活中的"虫趣"。蜻蜓是除了蝴蝶外最受古人喜欢的"虫",尤其是读古人写的有关蜻蜓的文字时,你会发现,他们很喜欢将描写蜻蜓的句子用作画龙点睛之笔,最典型的就是杨万里《小池》中的"小荷才露尖尖角,早有蜻蜓立上头"。

牛　羊　马　兔
鱼　贝　鹿　象

牛

niú

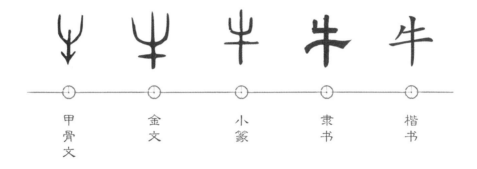

| 甲骨文 | 金文 | 小篆 | 隶书 | 楷书 |

　　"牛"字的甲骨文是一对上翘的牛角的形状，让人一看便知这是"牛"，可见古人十分聪明，抓住了牛最明显的特征。牛天性温和仁慈，而且身体庞大有力气，可以帮助人们农耕，因此古人对牛特别喜爱。而如今，人们看到才华出众又有能力的人，就会由衷地赞叹：牛！

汉字故事馆

| 老牛舐犊 |

东汉末期，曹操军中有位谋士叫杨修。一次，杨修跟随曹操出征，一连很多天都无法攻破城池，于是整个军队就地安营扎寨。这天，杨修忽然听见曹操说道："鸡肋，鸡肋！"他立刻明白曹操是想要退兵。鸡肋没有肉吃着也没有味道，但是扔了又很可惜，就像现在的状况，继续打又不能取胜，撤退又怕人笑话。于是，杨修就跟营地的士兵说："丞相打算退兵了。"整个营地的人都开始收拾行装，准备撤退。曹操巡营时看到大家都在收拾行装，非常吃惊，他找了一个士兵询问原因，这才知道原来是杨修猜透了自己的心思。类似的事情又发生过几次后，曹操开始忌惮杨修，最终找借口将他杀了。杨修死后，杨修的父亲杨彪非常伤心，甚至因思念儿子而日渐憔悴。曹操问他："杨公为什么这般消瘦啊？"杨彪悲伤地叹气说："我像老牛舐犊一样爱我的儿子，现在小牛死了，我这老牛怎么能不消瘦呢？"

后来，人们就以"老牛舐犊"来比喻父母疼爱子女的深厚感情。

汉字知识馆

　　牛在我国一直有着非常重要的地位。在古代，牛和羊、猪这些家畜之间最大的区别是牛要到官府登记造册。因为在家畜里牛是力量最大、耐力最足的，因此在古代的农耕生活中，有没有自己的耕牛几乎和有没有自己的耕地一样重要。除非牛是自然死亡或意外死亡，不然吃牛肉是非常严重的违法行为。

羊
yáng

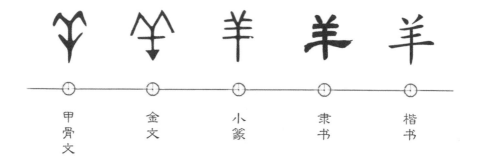

甲骨文　　金文　　小篆　　隶书　　楷书

"羊"字的甲骨文是不是很像面对着你的羊头呢？与"牛"字不一样的是：羊的角是向下弯的。羊是我们祖先最重要的肉食来源，能有羊肉吃，就表示风调雨顺、吉祥如意。

汉字故事馆

| 挂羊头，卖狗肉 |

春秋时期，齐国一度流行女人穿男装，这给国家的运作带来了许多麻烦。于是齐灵公下了一道诏令：凡是发现穿男装的女人，一律扒光衣服示众，还要惩罚她家里的男人。这处罚够重了吧，可是每当官兵上街巡逻，那些穿男装的女人也只是惊叫着跑开，而女人穿男装的现象丝毫没有得到改变。

齐灵公为此很烦恼，于是他召见晏子商量对策。晏子到了，齐灵公就说："我已经下令女扮男装的人会被扒光衣服示众，并且会惩罚她们家里的男人了，可是她们为什么都不怕？"

晏子说："君上您允许后宫众妃女扮男装，却禁止宫外的女人这样做，就好像在门口挂着羊头，但是实质上却是卖狗肉一样！君上何不也下令禁止后宫的妃子们女扮男装，这样宫外的女人也不敢这样做了！"

齐灵公恍然大悟，便下令上至皇后宠妃，下至嬷嬷宫女，均不可女扮男装，否则从重处罚！数月后，齐国内再也没有人女扮男装了！

汉字知识馆

你知道羊蝎子是什么吗？羊蝎子是我国的一道传统美食，主要材料是带里脊肉和脊髓的完整羊脊椎骨，因为这一段骨头的形状跟蝎子相似，所以被叫作"羊蝎子"，它可不是真的蝎子哟！

马

mǎ

甲骨文　　金文　　小篆　　隶书　　楷书

你看"马"这个字的甲骨文，长脸、大眼、长长的鬃毛随风飘扬，这不是马还能是什么呢？在古代，马主要用来乘骑和驮物品，不过，现代生活中我们可以选择各种各样的交通工具和运输工具来代替马，让可爱的马儿也可以歇一歇。

汉字故事馆

| 老马识途 |

春秋时期，齐桓公应燕国的要求，出兵攻打入侵燕国的山戎，相国管仲也一起随行。齐军春天出征，到凯旋时已是冬天，草木已经变了样。大军在崇山峻岭里转来转去，最后迷了路，虽然派出好几拨儿士兵前去探路，但是仍然弄不清楚该从哪里走出山谷。时间久了，军队的食物也不够了，情况非常危急，再找不到出路，大军就会被困死在这里。

管仲思索良久，有了一个设想：既然狗离家很远也能寻回家去，那么军中的马，尤其是老马，也应该有认识路途的本领。于是他对齐桓公说："我认为老马有认路的本领，可以利用它在前面领路，指引大军走出山谷。"齐桓公同意试一试。管仲立即挑出几匹老马，解开缰绳，让它们在大军的最前面自由行走。说来也奇怪，这些老马都毫不犹豫地朝一个方向行进。大军就紧跟着它们走，最后终于走出山谷，找到了回齐国的大路。

后来，"老马识途"这个成语用来比喻阅历多的人富有经验，熟悉情况，能起到引导作用。

汉字知识馆

在中国古代的战争中，马是必不可少的"战争工具"。很多成语也体现了这一点，如"金戈铁马""兵荒马乱""兵强马壮"等。那么，为什么是"马"而不是"牛"呢？因为战场上要求行动迅速，牛虽然耐力强，但速度与马相比太慢了，在瞬息万变的战场上，牛并不能像马那样起到重要作用。

兔
tù

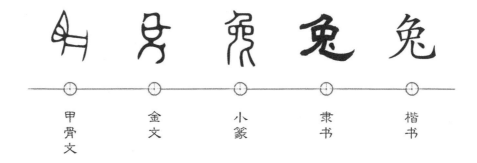

| 甲骨文 | 金文 | 小篆 | 隶书 | 楷书 |

　　"兔"字的甲骨文让人一看就知道它是一只小巧可爱的小动物。再看看金文，"兔"字更生动了！它仰着脑袋，张着嘴巴，长长的耳朵垂下来，腿一前一后，还有一条短尾巴，是不是很符合小兔子的形象呢？

汉字故事馆

狡兔三窟

战国时期，齐国有位孟尝君，他门下有很多有本事的门客。一天，孟尝君派门客冯谖去薛地收债，并让冯谖看他缺什么就买什么回来。没想到冯谖替他免了薛地的债务，买回了"仁义"。孟尝君一开始很不高兴，直到他被齐王解除相国的职位，前往薛地定居，才发现冯谖看得比他长远，于是就问冯谖自己现在的处境。

冯谖说："一只兔子要有三个洞藏身，才能免除被猎人杀死的危险。您住在薛地，就好像兔子只有一个洞，是很危险的。万一齐国的国君对您不满意要杀您，您连其他躲藏的地方都没有！所以，您还不能放松戒备！"孟尝君听了冯谖的话，觉得很有道理，便将这件事交给冯谖去办。

于是，冯谖去见魏国国君梁惠王，他和梁惠王说："孟尝君很有才华，如果您能请他来辅佐您治理国家，那么魏国一定能更强盛。"梁惠王听了，立刻派人去请孟尝君到魏国做相国。可是，魏国的使者来了三次，冯谖都没有让孟尝君答应。后来，梁惠王派人请孟尝君去治理魏国的消息传到齐王那里，齐王急了，也赶紧派人去请孟尝君，要他回齐国当相国。冯谖还是没有让孟尝君答应，反而建议他向齐王请求赐予先王传下来的祭祀祖先使用的礼器，在薛地建立宗庙。而等到薛地的宗庙建好以后，冯谖对孟尝君说："属于您的三个安身之地都建造好了，从此以后您就没有什么可担心的了。"

成语"狡兔三窟"就是从这个故事演变而来，比喻预先做好藏身的地方或避祸准备。

汉字知识馆

你知道吗？月亮在我国古代还被叫作"玉兔"。这是因为古人认为月亮上有一只会捣药的兔子。可月亮上真的有兔子吗？当然没有，但人的大脑是一个很爱联想的器官，就像人们常常把云朵甚至脱落的墙皮看成动物、人脸和其他物品，当古人看到月球上明明暗暗的区域时，也会有这种想法，于是月球上有兔子这个小小的错觉，便作为一种文化记忆流传了下来。

鱼

yú

| 甲骨文 | 金文 | 小篆 | 隶书 | 楷书 |

就算没有学过甲骨文，你也一定能认出它，因为鱼的样子实在是太特别啦。看看古人画的鱼，头、身、鳞、鳍都很齐全。隶书时，"鱼"字下面有"灬"，那并不是表示火的意思，而是表示鱼尾。

| 如鱼得水 |

东汉末年，天下大乱，刘备为恢复汉室，特意拜访隐居隆中的诸葛亮，请他出山帮自己。可是刘备连去了两次都没见到诸葛亮，直到第三次去，两人才见了面。刘备说明他的来意，畅谈了自己的宏图大志。诸葛亮诚心诚意地提出了很多意见，刘备听后非常高兴，于是立刻拜诸葛亮为军师。

诸葛亮竭尽全力地辅佐刘备，而刘备对诸葛亮的信任和重用，却引起了关羽、张飞等将领的不悦。他们经常在刘备面前表现出不满的神色，性格耿直、没读过书的张飞更是满肚子的牢骚。刘备耐心地给关羽和张飞解释，他形象地把自己比作鱼，把诸葛亮比作水，反复说明诸葛亮的才识与胆略对自己建功立业的重要性。他说："我刘备有了诸葛亮，就好像鱼得到水一样，希望大家不要再多说了。"后来，蜀国在诸葛亮的帮助下取得节节胜利，势力不断扩大，最终与魏、吴形成了三足鼎立之势。

"如鱼得水"的意思是好像鱼得到水一样，比喻得到跟自己十分投脾气的人或对自己很合适的环境。

汉字知识馆

　　在中国古代传说中，鲤鱼只要能够跳过龙门，就会变化为真龙。而在龙门附近确实可以看到许多跃出水面的鱼儿，难道鱼儿跃出水面真的是为了变成真龙吗？实际上，鱼儿本来就很喜欢跳水，有一种叫"跳鱼"的鱼甚至能跳离水面四到五米。鱼儿跳水一般是因为遇到威胁、恐吓或非常兴奋，这时候它们会不自觉地跳跃起来。至于跑到龙门附近跳水，则是为了繁衍后代，那里可是鱼儿们产卵的理想场所！

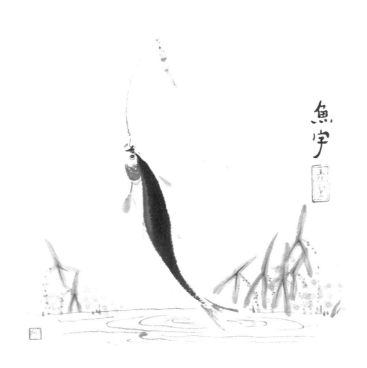

贝

bèi

| 甲骨文 | 金文 | 小篆 | 隶书 | 楷书 |

"贝"是一种有壳的软体动物，因此它的甲骨文就像一个打开壳的贝。海贝因为又好看又坚硬，所以被古人视为珍宝，当作货币来用。现在我们看到的大多数与财富有关的字，比如贫、贵、账、赔等就都有贝字旁。

汉字故事馆

｜扇贝跑路｜

从2014年到2020年，獐子岛的扇贝上演了多次"大逃亡"，引出了大家都知道的"扇贝跑路"事件，但扇贝真的会跑路吗？事实上，"扇贝跑路"的事件并不稀奇，早在东汉顺帝时期就曾经发生过。

故事的主角是曾经在合浦郡当太守的孟尝。合浦在古代的时候并不生产粮食，甚至连大米也是后来才有的。那么当地人靠什么来维持生活呢？原来合浦是一座沿海城市，盛产珍珠，那里的珍珠又圆又大，光泽柔和，历史上有名的"合浦珠"就产自那里。当地人都以采珠为生，并用这些珠子和越南人交换粮食。

孟尝到合浦郡当官前，他的上一任太守非常贪婪，总是盘剥养育珍珠的珠商和来买珍珠的客商，珠商迫于压力，不得不过度开采珠贝，导致珠贝减产。珠贝减产了，人们找不到珍珠，没有办法换到粮食，生活过得非常艰难，甚至常常有人饿死。于是，养育在海底的扇贝逃到了越南海域的流言开始在民间传播，这就是东汉时期的"扇贝逃跑"事件。

等到孟尝接任合浦郡太守后，他了解到"扇贝逃跑"的根本原因，听取了百姓的意见，采取了有效的措施，使合浦海域再一次出现了珠贝。当地人可以继续采珠，也能够填饱肚子了，日子越过越好了。

为了纪念帮助合浦百姓"找回"珠贝的清官孟尝，人们在廉州古城廉江入海口处修建了一座海角厅。这座海角厅是"合浦珠还"典故由来的证明，也是东汉时期"扇贝逃跑"事件的证据。

汉字知识馆

　　海贝是我国最早的货币，这一点从凡与价值有关的汉字大多是贝字旁就可以看出来。但随着商品交换的迅速发展，货币的需求量越来越大，海贝已经没有办法满足人们对货币的需求，于是，照着海贝制作的"铜贝"出现了。铜贝的出现，是我国古代货币史上由自然货币向人工货币的一次重大演变。

贝字

鹿

lù

| 甲骨文 | 金文 | 小篆 | 隶书 | 楷书 |

你看，甲骨文的"鹿"字，像不像动物园里温驯可爱的小鹿呢？古人大概很喜欢鹿，所以在造字时尽可能地去刻画它。枝杈状的角、大大的眼睛、尖尖的嘴、跳跃的蹄、轻盈的身子，一只小鹿就活灵活现地出现在我们面前啦。

汉字故事馆

| 指鹿为马 |

秦二世胡亥在位时，由太监升为丞相的大奸臣赵高掌握了朝政大权。但是他害怕群臣中有人不服他，就想了一个主意。

有一天上朝时，他牵着一只鹿对秦二世说："陛下，这是我献的名马，它一天能走一千里，一夜能走八百里。"秦二世听了，大笑说："丞相啊，这明明是一只鹿，你却说是马，真是错得太离谱了！"赵高说："这确实是一匹马，陛下怎么说是鹿呢？"秦二世问大臣们，大臣们有的默不作声，有的附和赵高说是马，有的直言是鹿，后来赵高暗中将直言说是鹿的臣子加以陷害治罪，从此群臣都害怕赵高。

"指鹿为马"用来比喻颠倒黑白，混淆是非。

汉字知识馆

在我国的传统文化中，动物常常有着特殊的象征意义。那你知道"鹿"有什么特殊的意义吗？鹿在古代是长寿的象征，因为"鹿"和"禄（升官发财）"同音，所以鹿还代表政权和帝位，尤其是白鹿，人们认为它是神奇的瑞兽，是君主贤明、天下太平的标志。

象

xiàng

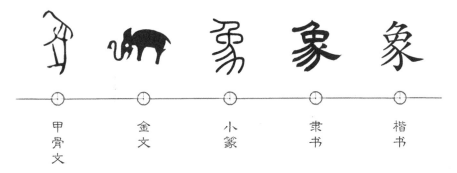

| 甲骨文 | 金文 | 小篆 | 隶书 | 楷书 |

其实，甲骨文的"象"字已经非常形象了，但金文的"象"字，简直就像是给象拍了一张照片！长长的鼻子、大大的耳朵、庞大的身体，难怪象要叫"大象"呢。大象虽只吃植物，却力量惊人，它是陆地上最大的哺乳类动物。

汉字故事馆

| 盲人摸象 |

从前，有五个盲人很想知道大象长什么样子，于是他们相约来到王宫，希望国君可以满足他们的要求。善良的国君欣然答应，并命人牵来一头大象。于是，几个盲人高兴地朝大象走了过去。

过了一会儿，国君看他们摸得差不多了，就让他们说说大象到底长什么样。

大象实在太大了，摸到大象牙齿的人说，大象就像一个又粗又光滑的萝卜；摸到大象耳朵的人说，才不是，大象又宽又大又扁，就像一把大蒲扇；摸到大象腿的人说，你们都不对，大象又圆又高，像根大柱子；摸到大象身子的人说，大象又厚又大，像一堵墙；摸到大象尾巴的人说，大象根本没有那么大，它只是一根草绳而已。

盲人们吵吵嚷嚷，争论不休，都说自己摸到的才是大象的样子。国君听了哈哈大笑，他们每一个人都只摸到了大象的一部分，却误以为摸到了大象的全部。

"盲人摸象"的故事告诉我们，不能凭自己主观、片面的了解就对一个问题进行判断，应该了解事物的全貌。

汉字知识馆

象牙是一种非常珍贵的材料，中国历代帝王都把象牙作为皇家供品，象牙制品也因此成了身份和地位的象征，受到达官显贵的追捧。而象牙的珍贵也让一些人看到了获利的机会，于是他们开始捕杀大象，导致大象快要灭绝了。现在，许多国家都不允许进口和贩卖象牙制品，走私、贩卖非法象牙制品被视为违法行为，需要注意的是，购买非法象牙制品一样是违法的。

肉　脸　脖　臂
腿　脚　胖

肉

ròu

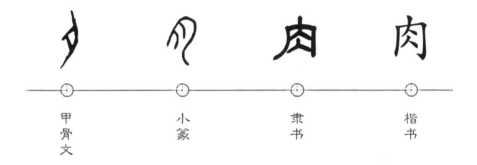

| 甲骨文 | 小篆 | 隶书 | 楷书 |

　　"肉"字的篆文与"月"字的篆文""非常相似，所以人们就把"肉"和"月"合并成了一个偏旁，统称"肉月旁"。直到隶书后，肉和月的字形才有了明显的区别。

汉字故事馆

| 东坡肉的故事 |

苏东坡在徐州担任官职时，突遇黄河水患，便带领全城百姓抗洪，筑堤保城。徐州百姓很感谢苏东坡，都夸他是一个贤明的父母官。听说他以前最喜欢吃猪肉，于是到过年的时候，大家就抬猪担酒来给他拜年。苏东坡收到后，便指点家人将肉切成方块，烧得红酥酥的，然后分送给参加修建堤坝的民工们吃。大家吃后赞不绝口，把他送来的肉亲切地称为"东坡肉"。后来，苏东坡被贬黄州。在黄州期间，他常做东坡肉与好友共品。

汉字知识馆

在古代，吃肉可不是一件容易的事！古时候因为没有那么多的粮食做饲料，所以可以吃的动物非常少，这也导致当时的肉价非常高，一般人都吃不上。那如果大家能吃到肉，都会是什么肉呢？牛肉基本上是不可能的，宰杀活牛可是违法的。羊肉则属于"高档食品"，是有钱人才能享受的。所以，普通老百姓能吃到的肉食一般就是猪肉、鸡鸭和鱼肉了。

脸

liǎn

脸　　　　脸

隶
书　　　　楷
书

　　"脸"是一个形声字，左边的"月（肉）"字表示它与人体有关，右边的"佥（qiān）"字表示发音。脸在古代只表示颧骨，到了唐宋时期，才被用来表示整个面部。每个人的脸都是独一无二的，通过不同的"脸"，我们才能辨认出不同的人。

137

汉字故事馆

| 古人的脸面 |

"黥"是一种在犯人脸上刺字的刑罚。《水浒传》中宋江、林冲等人的脸上都被刺过字。而关于在脸上刺字还有一个故事。

苏州有个通判，叫陆东，可以代理知府行事。一次，他判了一个需要流放的罪犯，就在人家脸上刺了几个字："特刺配某州牢城。"

字刺完了，手下人突然提出了不同意见："通判，这不对啊。这个'特'字的意思是罪不至此，而出于朝廷的一时旨意才定此罪，而这个人本来就该发配的。再说，'特'字不是下层判决机构所能用的。"

陆东一听吓坏了，突然反应过来，自己这是犯了大错啊，于是马上派人把犯人押回来，重新刺字，把"特刺"两个字给改成了"准条"。后来，有人向上级推荐陆东，上级一听他的名字，就说："陆东啊，知道知道，是不是苏州那位在犯人脸上打草稿的？"

关于脸，还有一个挺有名的寓言。这个寓言的原创是唐朝人顾况。有一次顾况和上司失和，他气哼哼地讲："我做梦梦见嘴和鼻子争功，嘴说：'我谈论古今是非，你鼻子不出声，为啥还在我之上？'鼻子说：'那怎么了？吃饭的时候没有我，主人可分辨不了食物！'眼睛又说：'我近能看清羽毛的尖端，远能看到天空的边际，我最厉害，必须在更上面。'接着，它问眉毛：'你有什么用，怎么还在我上面？'眉毛道：

'怎么了？我是没用，但就好比主人养的宾客。没有宾客，就不能体现实力，没有眉毛，怎么见人啊？'"顾况说这话，是挤兑那些高高在上、毫无能力的家伙，跟眉毛一样，纯属撑脸面。不过他这一番话，其上司也觉得有道理，于是竟然对他又好了起来。

有关脸的故事还有很多，这也可以看出自古以来人们对脸的重视，而这可能也可以说明"脸面"这个词对我们的重要性。

汉字知识馆

脸谱来源于舞台，关于舞台脸谱的起源有好几种说法，其中一种是说舞台脸谱源于我国南北朝时期为了歌颂兰陵王的战功和美德而做的男子独舞。据说兰陵王高长恭勇猛善战，但作为"古代四大美男"之一，高长恭长得过于柔美，为了不动摇军心，他每次出战时，都会戴上凶猛的假面，然后带领将士赢得胜利。后来人们为了歌颂兰陵王就创造了男子独舞，表演时也戴上面具。于是，就有了后来的舞台脸谱。

脸字
王珏制画

脖

bó

隶
书

楷
书

　　"脖"字由两部分组成，左边是"月（肉）"，表示它是身体的一部分，右边是"孛"，表示读音。"脖"指的是头和躯干相连的部位。

汉字故事馆

| "罪树"——歪脖树 |

歪脖树，就是指那些长得不直，像人歪着脖子的树。可这样一棵树怎么就成了"罪树"，难道歪脖树还能成精害人吗？这就要从明朝崇祯十七年，李自成率领农民起义军包围北京城说起。

那年三月十七日，农民起义军包围了北京城，第二天就先后打进了西直门、德胜门。城门被攻破的消息传进皇宫，明思宗朱由检非常绝望，连忙派人把几位皇子送了出去。朱由检感觉明朝已经没了希望，就带着太监逃出了皇宫。朱由检一行人跑了好几个城门，不是被拦了回来，就是被锁住的大门挡住，没有退路。

十九日早上，北京城燃起大火，朱由检没有办法，回到皇宫，准备把文武大臣都叫来商议。可是过了好长时间也没人来，于是他便带着贴身太监来到了煤山。朱由检在煤山上看到敌人冲进了自己的宫殿，知道一切都完了，就想找一棵树上吊，可眼前的树都很高大，衣带根本挂不上去。这时，朱由检恰好看到了一棵歪脖树，低矮的树干刚好可以让衣带绕过，于是他就在这棵歪脖树上结束了自己的生命。

之后，这棵被朱由检用来上吊的歪脖树就成了"名树"，清军进关后，统治者为了笼络人心，也为了教育后人，就把这棵歪脖树用铁链锁了起来，表示这是一棵"罪树"，"杀"了一位皇帝。

汉字知识馆

　　古代长颈鹿的脖子居然是有长有短的！古代，长颈鹿存在脖子长和脖子短、四肢长和四肢短的差异，而这些差异是可以遗传的。四肢和脖子长的长颈鹿能够吃到高处的树叶，更容易生存下去，并且繁殖后代；四肢和脖子短的长颈鹿，吃不到高处的树叶，在缺少食物的时候，会因为吃不饱而营养不良，甚至死亡，因此留下的后代就会更少。慢慢地，经过许多代以后，四肢和脖子短的长颈鹿就被淘汰了，就这样，长颈鹿一代代地进化下去，就成了现在我们看到的长脖子的长颈鹿。

臂
bì

| 金文 | 小篆 | 隶书 | 楷书 |

"臂"是肩膀以下手腕以上的部分，我们胳膊的力量都来自这里。"辟"是声旁，表示发音，但是它的"月（肉）"怎么在下面？别惊讶，同样是上下结构的还有背、肾等字，虽然"月"都在下方，但依然与"肉"相关。

汉字故事馆

| 螳臂当车 |

一天，齐庄公乘着马车去郊外打猎。马车在笔直的大道上奔驰着，齐庄公坐在车里想着自己的心事。突然间，他发现前面不远处，有一只虫子站在道路中央。齐庄公怕车轮碾压了虫子，便叫车夫停住马车，让虫子先过去。可是，马车停了好长时间都没有动。齐庄公问车夫怎么回事，车夫回答说："一只螳螂挡在车轮前，还没有离开。"

齐庄公一听这话，觉得很奇怪，于是就下车看是怎么回事。齐庄公来到车轮前，只见一只大螳螂正努力地举着两条前腿，想要阻挡车轮的前进。一只虫子要比车轮小很多，螳螂虽然在昆虫中算比较厉害的，但它的身体仍然很小，它不知道自己的力量根本无法阻挡车子前行，结果只能是被车轮碾得粉身碎骨。

齐庄公想到这里，不由得感慨道："可怜的螳螂，你以为你举起前腿就可以挡住前进的车轮吗？螳臂是不能挡住车子前进的。"

"螳臂当车"原本的意思是螳螂举起前肢企图阻挡车子前进，后来被人们用来比喻不正确估计自己的力量，去做办不到的事情，必然招致失败。

汉字知识馆

唐代时，女子都非常钟爱的一种首饰就是臂环。臂环是佩戴在手臂上的饰品，具有很强的装饰性，也具有很高的财富价值。那么臂环为什么会在唐代格外流行呢？首先，因为当时国力强盛，万国来朝，各族文化相互交融，首饰出现了很多新样式。其次，与唐朝以胖为美的审美有关，如果身材太过瘦弱，带上臂环反而会显得病态，所以臂环就在这些推崇丰满美的女性之间流行起来。

腿

tuǐ

腿　　　　腿

隶
书　　　　楷
书

　　"腿"是一个形声字，"月（肉）"表示这个字和人或者动物的肢体有关，"退"表示发音，同时还能表达这个字和行走有关，表示腿是用于行走的肢体。

汉字故事馆

| "飞毛腿"——杨大眼 |

北魏孝文帝拓跋宏准备南征之前，命令尚书令李冲选拔一些能征善战的勇士。这是一次很好的表现机会，因此来报名的人很多，甘肃武都小伙杨大眼也满怀信心地报了名。

杨大眼是氐族人，他的爷爷杨难当曾经是征西大将军、秦州刺史，因此李冲看到他的履历，把他当成了心血来潮的"官三代"，根本没有考察他，就直接把他刷了下来。

眼看从军梦就要化为泡影，一心想要上战场的杨大眼急了，他找到李冲，当面请求李冲给他一次证明自己的机会。李冲本来就不相信这个"官三代"有什么本事，没有同意。于是杨大眼说："尚书大人可能还不了解我，请让我为您献上一技。"说完，他拿出一根三丈长的绳子系在头发上，开始施展自己平时苦练的飞跑绝技。只见杨大眼的双脚像被施了仙术，一溜烟儿跑了很远，绳子被扯得像离弦的箭，连奔腾中的骏马都追不上。在场的人都惊呆了，李冲也不由得感慨道："自古以来，还从没听说过谁有这样的能耐！"于是当场任命杨大眼为军主（一种官职）。

汉字知识馆

现在，我们把大腿和小腿都叫作"腿"，在古代，大腿和小腿可是有着不同称呼的。大腿指从臀部到膝盖的部分，这在古代叫"股"。所以大家需要注意，"悬梁刺股"中苏秦刺的"股"可不是我们现在所说的屁股，而是大腿。那么小腿在古代叫什么呢？叫"胫"，也有叫"脚"的。你没看错，在古代，"脚"实际上指的是小腿。

腿

脚

jiǎo

小篆　　　　　　隶书　　　　　　楷书

　　"脚"字的本义是小腿，它是一个形声字。"脚"字左边是"月（肉）"，表示是身体的一部分。后来，"脚"字专门指我们身体的"脚"。而现在，"脚"也可以指一些事物的最下面的部分，比如山脚、墙脚。

汉字故事馆

| 有脚阳春 |

宋璟博学多才，擅长文学。唐中宗时，宋璟被任命为谏议大夫，但是由于宋璟为人刚正不阿、清正廉洁，没过多久，他就因为直言进谏惹怒了唐中宗，被中宗一怒之下贬到贝州当刺史。宋璟到了贝州后，不仅没有怨恨他人，反而和以前一样廉洁奉公，尽心尽力地为百姓做好事，使当地民风变得淳朴起来，家家户户都安居乐业。

唐玄宗时，宋璟又被贬到广州。当时广州的百姓都用竹茅建造房屋，经常发生火灾。宋璟教当地人烧瓦、改造房屋，防止了火灾时发生蔓延燃烧，百姓非常感激他。

宋璟爱护百姓，为百姓做了许多好事，当时人们都称赞他像长了脚的春天，他到哪里，就会给哪里带来温暖。后来，人们就用"有脚阳春""阳春有脚""春有脚"等来称赞好官的德政。

汉字知识馆

许多人或许并不熟知，脚，这一支撑我们行走在世间的重要基石，它的骨骼数量约占人体总骨骼数量的四分之一。人的每只脚有26块骨骼，在新生儿阶段，这些骨骼大多为软骨，伴随着我们的成长，它们逐渐硬化，直至21岁左右才完全变硬。

这些骨骼肩负着身体的重量，无声无息地陪伴我们走过漫长的人生旅程，因此，我们要好好爱护我们的双脚，确保它们得到充足的休息与适当的保养。

脚

胖

pàng

| 小篆 | 隶书 | 楷书 |

今天，我们常用"胖"形容人体脂肪多，肉多，但是"胖"字的本义可不是这样的，它最初的意思是指古代祭祀用的半体牲。

汉字故事馆

| 华佗妙治肥胖症 |

相传东汉末年的一天名医华佗到郊外采药，走着走着，看见前面好像滚过来一只"大皮球"，直到"大皮球"快到眼前了，华佗才看出那是个人。只见这个人胖得几乎上下一般粗细，尤其是他的肚子，就像有一口大铁锅倒扣在上面。华佗看见这人很吃力地往前走，累得满头大汗、气喘吁吁，就对他说："我是华佗，我想要给你治治肥胖症。"

这人早就听说过华佗的大名，他拍着自己的大肚子说："我是亳州城里卖肉的，刚讨账回来，你要是能治好我的肥胖症，把这大肚子变没了，我保证你以后喝酒吃肉不要钱。"华佗仔细询问了这人的起居饮食和生活习惯，说："我不会喝酒，也不爱吃肉，你只要听我的话，我保证三个月后你就可以看见效果。这样吧，你每天准备二两炒瓜子，然后在三更天起床，一边嗑瓜子，一边走路，嗑完瓜子再顺原路返回，中间不准休息。"

这人一听华佗给他治病，既不用扎针，又不需吃药，只是嗑嗑瓜子、走走路，觉得非常高兴。于是他每天三更起床，边嗑瓜子边走路，一直走了五里多才将瓜子嗑完，然后再顺原路返回。

刚开始的几天，这人因为比较胖，走起路来十分吃力，往返十里，常常累得浑身大汗，上气不接下气，但因为华佗说中间不能休息，他也只能咬牙坚持……十多天下来，他渐渐觉得脚不酸腿不软，汗也出得少了，竟然不觉得累了。三个月过后，他的大肚子果然瘪了下去，一身胖肉也少了许多。

汉字知识馆

唐代是我国少有的以胖为美的朝代。在古代，即使是生产力发达的唐代，老百姓的生活水平也不是很高，所以人们普遍比较瘦。这时，看惯了瘦女生的世人，突然看到一个胖女生，反而会更有新鲜感。而且唐代的胖女生，大多比瘦女生要健康，所以胖在人们眼中，又代表着健康。另外，胖还代表这个女生家庭富裕，因为只有生在富裕家庭的女生才能吃得饱饱的，还不用干活。不过，我们现在都知道，如果一个人太胖的话，很容易得各种疾病。所以，爱运动、不挑食、健康的人才是最美的。

胖字